Christoph Häselbarth / Stephan Bauer

Burn-out
überwinden

Chance für einen Neubeginn

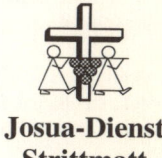

Verlag Gottfried Bernard
Solingen

Josua-Dienst
Strittmatt

1. Auflage 2009

© 2009 Verlag Gottfried Bernard

Dieses Buch ist eine Koproduktion von:
    Verlag Gottfried Bernard
    Heidstraße 2a
    42719 Solingen
    E-Mail: verlag.gottfriedbernard@t-online.de
    Internet: www.gbernard.de
und
    JOSUA-Dienst e.V.
    Strittmatt 49
    79733 Görwihl

ISBN 978-3-941714-00-7
Best.-Nr. 175500

Satz: Satz & Medien Wieser, Stolberg (Rheinl.)
Grafik: Tina Gerteiser, Waldshut
Druck: Schönbach Druck, Erzhausen
Printed in Germany

Wenn nicht anders angegeben, wurden die Bibelzitate der Luther-Überset-
zung 1984 entnommen. Die mit GNB gekennzeichneten Stellen entstammen
der Guten Nachricht Bibel 1997.

Inhalt

Vorwort

Christen im **Burn-out**? Kann das sein??
Menschen, die für sich beanspruchen, eine persönliche Beziehung zu dem ewigen, allmächtigen Schöpfer dieser Welt zu haben – und eine lebensberaubende Modediagnose?
Auf den ersten Blick scheint das ein totaler und unvereinbarer Gegensatz zu sein – eine schon etwas seltsame Kombination. Aber leider sieht die Realität sehr viel anders aus. Oder kennen Sie vielleicht Menschen oder gar ganze Gemeinden, die auch nur ansatzweise diese Kraft und Vitalität, Freudigkeit und Dynamik aufweisen, die Jesus Seinen Jüngern versprochen hat?
Wenn wir wirklich Reben sind am Weinstock Jesus Christus[1], von dem es heißt, dass er mit Freudenöl gesalbt ist wie keiner seinesgleichen[2] – wenn wir authentisch auf Ihn ausgerichtet sind und Anteil haben an Seinem Leben, dann sollte für das hilflose Starren auf Probleme kein Raum mehr sein. Weder in unserem persönlichen Leben noch in unseren Gemeinden.
Wie viele Christen sind frustriert, wie viele Pastoren leiden unter Kraftlosigkeit, Erschöpfung oder schon diagnostiziertem **Burn-out**! Es sind ihrer mehr, als wir uns vorzustellen wagen.
Kurz gesagt, es ist möglich, dass Christen ausbrennen, und es geschieht tatsächlich! Mehr noch: Die an uns gestellten Erwartungen nehmen zu – und entsprechend verläuft ein **Burn-out** auch zunehmend brutaler. Die Folgen dieser Abstürze werden heftiger und weitrei-

---

[1] Johannes 15,1-8
[2] Hebräer 1,9; Psalm 45,8

chender. Und für Christen ist es nicht unbedingt einfacher, damit zurechtzukommen: Sie müssen auch im Beruf zusätzlich noch (angeblich) christliche Verhaltensnormen erfüllen – von ihnen wird erwartet, dass sie niemanden verärgern und jedem zu Diensten stehen. Das bedeutet, dass sie unter noch größerem Druck stehen. Und wenn sie dann nicht mehr leugnen können, dass ihnen die Kraft ausgeht und es so nicht mehr lange weitergehen kann, haben sie an vielen Fronten zu kämpfen: Der GAU droht ihnen nicht nur in den „weltlichen" Lebensbereichen wie Beruf und Familie, sondern nun steht zudem noch ihr geistliches Leben, ihre persönliche Existenz auf dem Spiel. Bedrängende Fragen türmen sich auf: Bin ich überhaupt ein richtiger Christ, wenn es mir nun so geht? Wo ist Gott? Warum hilft Er mir denn nicht?

Kurz, Jesus sagt seinen Jüngern, dass sie ohne Ihn nichts tun können – und wenn Jesus „nichts" sagt, dann meint er es auch so. Nichts ist eben nichts. Somit ist das Leben der Jünger Jesu im Alltag stets ein Leben „auf Messers Schneide", ein Segeln hart am Wind. Das gilt heute noch genauso wie damals. Gerät unser „Glaubensboot" ins Schwanken und schlagen unsere eigenen Stabilisierungsversuche fehl, steht der allumfassende **Burn-out** vor der Tür.

Dieses Büchlein ist eine Co-Produktion eines Seelsorgers mit jahrzehntelanger Erfahrung sowie eines seit vielen Jahren niedergelassenen Facharztes für Allgemeinmedizin mit psychosomatischer Weiterbildung. Beide begleiten sie Menschen in Grenzsituationen aller Art. Beide sind freiberuflich tätig und haben Herausforderungen und Situationen zeitweiliger Überforderung aus eigenem Erleben kennengelernt. Möge Ihnen diese Verknüpfung von persönlicher Erfahrung und Einblicken in zahlreiche Schicksale mit geistlichen Vorschlägen zur Überwindung von **Burn-out** zur Hilfe werden. Ihr **Burn-out** muss nicht in der Sackgasse reduzierter Schaffenskraft münden – Sie sind *nicht* dazu verurteilt, hinfort ein Schmalspurleben zu führen und nur noch vor sich hin zu leiden. Vielmehr birgt ein **Burn-out** die Chance für einen wahren Neubeginn in sich. Je gründlicher die Wurzeln erkannt und beseitigt werden, desto besser, veränderter und lebenswerter kann das Leben *nach* dem **Burn-out** sein.

Unser besonderer Dank gilt Christophs Mitarbeiterin Frau Lydia Bauer für ihre geduldige Mithilfe und Beratung. In hervorragender Weise hat sie an der Schnittstelle zweier Autoren die Zusammenarbeit und Kommunikation zwischen Nord und Süd unterstützt.

Ein extra Dank geht an Frau Gabriele Pässler für ihren scharfen Blick als Lektorin und für ihre ergänzenden Anregungen.

August 2009

Strittmatt   Husum
Dr. Christoph Häselbarth / Dr. med. Stephan Joh. Bauer

Einleitung

Wir leben in einer Zeit zunehmender Anforderungen und unvorhersehbarer Ereignisse. Das löst bei vielen Menschen starke Unsicherheit aus und bringt uns an unsere Grenzen. Unter diesen Umständen brauchen wir Zeiten der tiefen, inneren Ruhe und den Zuspruch Gottes aus der übernatürlichen, himmlischen Welt, etwa so: „Meine Tochter, mein Sohn, mache dir keine Sorgen, es wird alles gut werden. Ich, dein liebender, himmlischer Vater, habe alles im Griff und ich helfe dir."

Ja, es bedarf einer gewissen Demut, zugeben zu können: „Ich bin mit meinen eigenen Möglichkeiten am Ende. Ich brauche einen Helfer, der mir in aussichtslos scheinenden Umständen immer noch beisteht und einen guten Ausweg bereithält."

Dieses Buch wendet sich an Menschen, die in einem **Burn-out** stecken und meinen, völlig am Ende zu sein. Hier finden Sie Hilfe – vieles mag für Sie eine Überraschung sein. Und es könnte sein, dass die in diesem Buch aufgezeigten Empfehlungen Ihnen nicht „nur" helfen, Ihren **Burn-out** zu überwinden, sondern dass Sie einen völlig neuen Lebensstil entwickeln. Einen sehr beglückenden, weil er ein Stück Himmel in Ihr Leben bringt.

Wir empfehlen Ihnen wärmstens, dass Sie sich auf einen Versuch einlassen. Sie werden nicht enttäuscht werden und erstaunliche Entdeckungen machen.

Dr. Christoph Häselbarth

I. Grundlagen, Grundordnungen

Burn-out – was ist das?

Das „**Burn-out**-Syndrom" ist eine medizinische Diagnose, deren Häufigkeit in letzter Zeit rasant zunimmt. „Syndrom" – das ist die Beschreibung eines Zustandes. „**Burn-out**-Syndrom" oder „**Burn-out**" bedeutet einfach „ausgebrannt sein". Dieser Begriff drückt also aus, wie sich ein Mensch in diesem Zustand fühlt.

Von **Burn-out** betroffene Menschen schildern sehr vielfältige Beschwerden. Meist können sie in einige wenige Hauptsymptome zusammengefasst werden, die jedoch das Leben und den Alltag massiv beeinträchtigen.

> In der Regel jedoch befinden sich alle
> diese Menschen in einer dauerhaften
> Überforderungs-Situation, die sie nicht
> zufriedenstellend verändern können.

Diese kann dann zunächst zu unspezifischen Beschwerden führen wie

• Schlafstörungen und sich daraus ergebende
• Müdigkeit
• Kraftlosigkeit
• Antriebsminderung

In diesem Stadium werden die Betroffenen wohl kaum an ein beginnendes **Burn-out** denken. Wenn sie aber auf diese Signale nicht reagieren, wird die Diskrepanz zwischen den eigenen Kraftreserven und den Anforderungen immer größer. Nun stellen sich weitere Symptome ein, unter anderem

- das Gefühl, überfordert zu sein,
- zunehmende Schwäche,
- abnehmende psychische und körperliche Belastbarkeit,
- nachlassende Arbeitsleistung,
- das Gefühl, nicht viel wert zu sein, unnütz oder „ein Klotz am Bein" zu sein (Gefühle der Minderwertigkeit)
- sowie Versagensängste.

Jetzt erkennen (zunächst einmal) die Kollegen am Arbeitsplatz und die engeren Angehörigen, dass hier etwas nicht mehr stimmt. Besonders dann, wenn der Elan immer weiter schwindet: Die Angst, folgenschwere Fehler zu machen, sorgt für starke Verunsicherung – wir kennen das geflügelte Wort von der „lähmenden Angst". Die Folgen können sein:

- Sozialer Rückzug bis hin zur
- Isolation,
- Niedergeschlagenheit und Pessimismus
bei gleichzeitiger
- innerer Rastlosigkeit, man kann nicht mehr zur Ruhe kommen.

Angst, Schlafstörungen, Niedergeschlagenheit, innere Unruhe und gleichzeitig Antriebslosigkeit – das sind die Symptome einer Depression, wie sie im Schulbuch steht.

Körperliche Symptome

Zusätzlich kann eine Fülle von körperlichen Beschwerden hinzukommen – hier sollen nur einige genannt werden:

- Kopfschmerzen
- Blutdruckprobleme
- Magenbeschwerden bis hin zum Geschwür
- Ess-Störungen
- unklare Lähmungserscheinungen

Die Liste könnte fortgesetzt werden. Der Körper schreit „Hilfe!" Hören wir darauf? Oder nehmen wir Zuflucht zu Alltagsdrogen, verlegen wir uns auf die medikamentöse Unterdrückung? Mit allzu unreflektiert verordneten Medikamenten (besonders Antidepressiva), *ohne gleichzeitig die Ursachen zu suchen und zu beseitigen*, kann „der große Knall", der Absturz, nicht verhindert werden. Er wird nur verschleiert, hinausgezögert[3] und verschlimmert.

Meistens ist es das berufliche Umfeld, welches permanent mehr Kraft und Einsatz erfordert als eben vorhanden ist. Man kann es so formulieren, dass unablässig mehr Energie angefordert bzw. verbraucht wird, als bereitgestellt werden kann – der „Tank" leert sich. Man fährt auf Reserve und irgendwann ist der Tank ganz leer – anders ausgedrückt, man kommt auf den Felgen daher.

Kurzfristig sind berufliche Stressphasen normal – wenn sie denn absehbar und vorübergehend sind. Wird eine solche über die vorhandenen Kräfte gehende Arbeitsbelastung jedoch zum Dauerzustand, kommt es zu psy-

---

[3] Siehe auch „Warnsignale" ab Seite 86.

chischen und in der Folge nicht selten auch zu organischen Beschwerden.

Wo finde ich Hilfe?
Da diese Symptome allerdings keine organischen *Ursachen* haben (z. B. liegt ja kein Herzfehler vor), sind die Möglichkeiten ärztlicher Hilfe recht eingeschränkt. Die eigentlichen Gründe liegen ja in den die persönliche Leistungsfähigkeit übersteigenden Anforderungen und in der sich daraus ergebenden Überforderung.

Medizinisch behandelt (gelindert) werden können lediglich Begleiterscheinungen wie Schlafstörungen, Angstzustände, depressive Verstimmungen oder Magenbeschwerden.

Auch mit Stressbewältigungs- oder Entspannungstechniken kann der Patient sich etwas Erleichterung verschaffen.

All das ist jedoch keine eigentliche Ursachenbehandlung, dies sind nur begleitende Hilfen – und meistens lindern sie die Beschwerden auch nur teilweise.

Was bleibt dann noch? Ein Wechsel des Arbeitsplatzes? Dies kann aber gerade in der heutigen Zeit eine gewaltige Belastung sein, wenn sich denn überhaupt eine neue Stelle findet – und den wahren Grund für den Stellenwechsel verschweigt man in solch einem Fall am besten ganz.

All diese Möglichkeiten werden *nicht* Gegenstand der folgenden Betrachtung sein. Mediziner aller Fachrichtungen, vom Haus- und Facharzt über Psychologen und Psychotherapeuten bis hin zu stationären Reha-Einrichtungen sowie die gesamte Branche der Arbeitsvermittler sind damit wohl vertraut – aus unliebsamer Erfahrung.

Hilfe aus der Bibel??

Dieses Buch zeigt einen ganz anderen Zugang zu diesen so existenziellen Problemen – und es bietet somit auch völlig andere Lösungsansätze. Es ist ein Beitrag, der die gesamte **Burn-out**-Problematik von den biblischen Ordnungen her angeht – sowohl im Blick auf die Ursachen als auch bezüglich der Lösungen. Was auf den ersten Blick allgemein bekannt und recht verstaubt zu sein scheint, enthält bei genauerem Hinsehen eine ganze Reihe von bisher völlig unbeachteten, aber deshalb nicht minder verheißungsvollen Perspektiven.

Ein 50-jähriger Selbstständiger im Gesundheitswesen fasst die Erfahrungen seines durchlebten **Burn-out**s wie folgt zusammen:

„**Burn-out** als Christ? Ich und **Burn-out**?? Nie und nimmer! – Doch die Realität sieht anders aus.

‚**Burn-out**' – das kannte ich nur vom Hörensagen. Nun, wenn ich mit Betroffenen zu tun hatte, beschlich mich hier und da schon so eine leise Ahnung: ‚Hm, so etwas kennst du doch auch.' Doch wie es eben so ist, man versichert sich: ‚So etwas kann und wird *mir* doch nicht passieren …'

Zunächst bemerkten es meine Familie und mein Freundeskreis, dass ich zunehmend müder wirkte und gereizt reagierte. Ich selbst jedoch wollte diese Signale lange Zeit nicht wahrhaben – bis ich mir schließlich doch eingestehen musste, dass ich nach Feierabend keinerlei Kraft oder Lust mehr hatte zu meinen bisherigen Lieblingsbeschäftigungen. Jetzt wurde mir klar: Das war ernster als mir lieb war. Ich war zu erschöpft, um Musik zu machen! Ich war immer ein recht kontaktfreudiger Zeitgenosse gewesen, aber nun erkannte ich, dass ich mich sozial immer mehr isolierte. Eigentlich ging ich nur noch zum Gottesdienst und zum Hauskreis, zu mehr war ich nicht mehr in der Lage. Was darüber hinaus ging, alle weiteren zwischenmenschlichen Kontakte, wurde zunehmend zur Anstrengung, ja zur wirklichen Belastung. Ich hatte immer gerne mal ein Konzert besucht – nun empfand ich das als überaus kräftezehrendes Unternehmen und die Pausen dazwischen wurden immer länger, bis ich auch diese Außenkontakte schließlich völlig aufgab. Auch meine Mitmenschen, mit denen ich unvermeidbar zu tun hatte, bekamen es zu spüren: Ich wurde zusehends unsensibler und direkter, teilweise auch distanzlos und verletzend in meinen Äußerungen.

Das **Burn-out** machte mich einsam. Während dieser Zeit der Zurückgezogenheit kamen mir aber auch einige ganz neue Gedanken, wie ich aus dieser Lethargie und der Tretmühle meines Alltags herauskommen könnte. Doch diese Versuche waren leider immer nur von kurzer Dauer und nicht von Erfolg gekrönt, und so war nach kurzer Zeit alles wieder beim Alten.

Mit der Zeit stellte sich dann eine zunehmende Geräuschempfindlichkeit ein – sogar das Rascheln einer Plastiktüte löste in mir das Bedürfnis aus, dem Verursacher den Hals umzudrehen.

Als weitere Symptome stellten sich unerklärliche und therapieresistente Gleichgewichtsstörungen ein, was meine Verunsicherung auch nicht gerade milderte.

Meine Freizeit verbrachte ich inzwischen nur noch mit dem Versuch, mich wenigstens körperlich zu erholen, um die beruflichen Belastungen bewältigen zu können. Doch ich konnte nicht wirklich abschalten: Meine geringe Belastbarkeit ließ mich auch in der Freizeit nur noch daran denken, wie ich die geschäftlichen Herausforderungen bewältigen könnte. Mit der Zeit stellten sich dann auch Existenzängste ein – weitere Energiefresser, wo ich doch sowieso nur noch auf Reserve fuhr.

Phasenweise war ich entweder depressiv oder manisch, also total aufgedreht. Mit der verbliebenen Kraft war es mir gerade noch möglich, mich mit Büchern etwas abzulenken. Besonders in der Bibel fand ich Hilfe in dieser Zeit, und ich lernte Gott als meinen Vater kennen. Diese neue Vater-Sohn-Beziehung war für mich sehr heilsam.

„**Burn-out**-ler" bewerten sich über ihre Leistung – aber in diesen vielen Stunden der Einsamkeit wurde mir klar, dass wir nicht das wert sind, was wir tun und erreichen. Wir sind wertvoll, weil wir in Gottes Augen wertvoll sind.

So wurde diese Zeit des **Burn-out**s für mich zur ungeahnten Chance, mit Gott wieder neu ins Zwiegespräch zu kommen – Er hat mir neue Perspektiven aufgezeigt."

Wollen Sie sich darauf einlassen, mit uns genauer hinzusehen? Wenn Gott der Schöpfer alles Lebens ist, dann weiß Er doch am besten, wie der Mensch „funktioniert". Wir haben uns in unserer westlichen Lebenskultur (aber auch in anderen Teilen der Welt) erschreckend weit von vielen grundlegenden, göttlichen Weisheiten und Ordnungen entfernt. Gleichzeitig wird zu Beginn unseres Jahrtausends der Schrei des Menschen nach Frieden, Zufriedenheit, Gesundheit, Glück und Freude immer lauter. Es ist faszinierend, dass die Bibel auf genau diese Sehnsüchte ungeahnt klare und einfach umzusetzende Antworten hat.

Gibt es Risikofaktoren?

Die Antwort auf diese Frage lautet eindeutig: „Ja!"
Leider sind sie nicht so einfach zu erfassen wie der Blutdruck oder die sagenumwobenen Cholesterinwerte als Risikofaktoren für Herzinfarkt. Es gibt für Burn-out-Risikofaktoren weder Messgeräte noch Laboruntersuchungen, wer wollte denn auch die Grenzwerte festlegen? Andererseits – mancher denkt im Nachhinein, es wäre doch gut gewesen, wenn er schon rechtzeitig hätte vorbeugen können.

Der klassische Kandidat für ein Burn-out …
Führt man sich den klassischen **Burn-out**-Patienten vor Augen, so es ihn denn gibt, könnte man ihn etwa so beschreiben:
- Er ist am Arbeitsplatz gewissenhaft und perfektionistisch: Seine Ansprüche an sich selbst (und natürlich auch an andere) sind überdurchschnittlich hoch.
- Aufgrund seiner Sorgfalt und seiner außerordentlich hohen Leistungsbereitschaft wird er mit Zusatzaufgaben betraut – mehr als andere Kollegen. Hat ein Vorgesetzter die Wahl, wem er eine Zusatzaufgabe überträgt, fällt fast instinktiv die Wahl auf unseren Kandidaten. Denn er arbeitet mit vollem Einsatz und gibt sich gewissenhaft und ohne Widerstand zu leisten total an seine Aufgabe hin.

- Meist liegt diesem Charakter eine Prägung zugrunde, dass Einsatz bis hin zur Aufopferung richtig und gut ist. Arbeitsverweigerung hingegen ist verwerflich. Und so türmt sich bei dieser Gruppe von Berufstätigen einfach mehr Arbeit auf als bei anderen.
- Je früher er diese Einstellung zur Arbeit gewonnen hat, umso wahrscheinlicher ist es, dass er von dem Prinzip „Liebe gegen Leistung" geprägt ist – und das ist ein Haupt-Risikofaktor für **Burn-out**.

„Wer nicht arbeitet, soll auch nicht essen." Dies ist ein häufig, aber falsch zitiertes Bibelwort (2. Thessalonicher 3,10; tatsächlich steht hier: „Wer nicht arbeiten *will*, der soll auch nicht essen."); und wie Sie bald sehen werden, verlangt Gott von uns keineswegs, dass wir ununterbrochen arbeiten! Woher kommt diese Generalisierung, dass unbegrenztes und ununterbrochenes Arbeiten der optimale Lebensstil sei? Wer sagt denn, dass wir (nur) das wert sind, was wir leisten – erreichen – verdienen?

... könnte auch so aussehen:
Dies war nun eine Skizze eines im Beruf erfolgreichen Mannes, selbstverständlich gibt es auch solche Frauen; wieder andere hingegen mögen sich wiederfinden in der „treusorgenden Mutter":
– Sie hat immer ein aufgeräumtes, geputztes Haus und kann jederzeit Gäste empfangen, ohne sich dabei irgendwie unwohl fühlen zu müssen: Die Fenster sind geputzt und die Armaturen blitzblank.
– Im Kochen und Backen hat sie es zu wahrer Meisterschaft gebracht, und ihre Torten fehlen bei keinem Familienfest, bei keinem Adventsbasar.

- Sie scheut weder Zeit noch Mühe, mit den Kindern zu pauken – sie sollen es doch einmal besser haben. Dafür ist sie nicht allzu genau, wenn es um die Mithilfe der Kinder im Haushalt geht: Die armen Kinder haben ja so viel für die Schule zu tun, und ihr als der Hausfrau liegt das alles sowieso mehr, es geht ihr schneller von der Hand – und sieht besser aus.
- Und der vergessene Turnbeutel, das liegengelassene Pausenbrot finden ihren Weg zur Schule – natürlich rechtzeitig!
- Ihre Freundinnen wissen, man kann sich auf sie verlassen. Wann immer Not an der Frau ist: Sie springt ein.
- Die anspruchsvollen Wünsche ihres Mannes und die wachsenden Forderungen der Teenager erfüllt sie bereitwillig. Eigentlich tut sie sich selbst damit Gutes: Wenn jeder mit ihr zufrieden ist, ist sie es auch.
- Selbstverständlich leistet sie auch ihren Beitrag zum Familieneinkommen: Das Zeitungsaustragen lässt immer noch Zeit, das Frühstück zuzubereiten, und wenn sie vormittags ihre hausfraulichen Fähigkeiten in anderen Häusern einbringt, merken die Kinder gar nichts davon.
- Und natürlich hilft sie nebenher noch den gebrechlich werdenden Eltern. Die anderen Geschwister sind beruflich so beansprucht, und es würde ihnen ja auch gar nicht liegen.
- Zeit für sich? Nein, so egoistisch ist sie doch nicht. Wäre das ein gutes Vorbild für die Kinder? Und die sollen doch einmal glücklich werden, dafür gibt sie den letzten Blutstropfen her.

Wenn wir unseren Wert festmachen an unserem Erfolg, am Geld, an unserem Ansehen oder unserer Beliebtheit, an unserer Unentbehrlichkeit oder daran, wie weit wir gekommen sind auf der Karriereleiter, ist das der optimale Nährboden für ein **Burn-out**.

Nun, es ist nichts Verkehrtes an Engagement und Einsatzbereitschaft, und es ist ganz in Ordnung, zwischendurch sich auch mal richtig zu verausgaben. Wir Menschen brauchen Herausforderungen – aber bitte nicht als unabänderlichen Dauerzustand.

Durst nach Liebe

Gehen wir noch einen Schritt weiter. Das Prinzip „Liebe oder Anerkennung – nur gegen Leistung" muss jedoch nicht unbedingt eine bewusste elterliche Prägung oder gar Erziehungsziel gewesen sein. Es kann auch eine fatale Folge einer unglücklichen Kindheit sein. Wer es als Kind nicht erlebt hat, wirklich bedingungslos (!) geliebt und angenommen zu sein, wer ohne diese Erfahrung aufwachsen musste, trägt einen Schmerz mit sich herum. Einen Hunger, eher einen Durst[4], nach Anerkennung. Verweigern Eltern ihren Kindern diese „Liebe ohne jegliche Gegenleistung", entwickeln die Kinder – unbewusst – die skurrilsten Mechanismen, um Anerkennung zu bekommen. Anerkennung um jeden Preis … eben um diesen Schmerz zu stillen.

Ein Beispiel für solche skurrilen Taktiken, das man vor allem bei Mädchen beobachten kann, ist die Kombination von Ablehnung und Ess-Störung. Etwa so: Ich

---

[4] Der Entzug von Flüssigkeit ist für einen Körper schwerer zu ertragen und viel gefährlicher als das Vorenthalten fester Nahrung.

werde zu Hause nicht beachtet, also esse ich zu viel oder auch gar nichts mehr – und schon fangen meine Eltern an, sich um mich Sorgen zu machen, sich um mich zu kümmern. – Am besten wäre es nun, den dringend erforderlichen Körperkontakt zu gewähren oder zu loben, eben irgendwie Liebe und Wertschätzung auszudrücken. Oft aber erntet das Kind wiederum nur harte Worte, Strafen und Sanktionen. Na und? Das ist immerhin *wenigstens ein bisschen* Aufmerksamkeit und Zuwendung und besser zu ertragen als das Ignoriertwerden zuvor.

Fehlt also die bedingungslose elterliche Wertschätzung und Liebe, lernt das Kind schnell, sich ein gewisses Maß an positiver Zuwendung zu holen – zu erarbeiten. Gute Noten im Diktat? „Du bist Mamis lieber Junge!" Aber es gibt nichts Schlimmeres, als eine Fünf nach Hause zu bringen:"Du bist doch wirklich ein Versager! Aus Dir wird nie etwas!" Das trifft die Persönlichkeit des Kindes im Innersten, und es wird alles tun, um diesen Schmerz in Zukunft zu vermeiden. Liebe gegen Leistung!

Lebensberaubend erfolgreich

Diese Prägung, konsequent vermittelt, ist ein ziemlich sicherer Krankmacher, manchmal sogar ein tödlicher. Schon lange her, aber trotzdem unvergessen geblieben ist mir ein „Lehrer mit Leib und Seele": Für jeden und alles war er da. Die Bewertungen seiner Arbeitsweise waren kaum zu übertreffen. Von unermüdlichem Einsatz über beispielhaftes Engagement, unerschöpfliche Schaffenskraft für „seine" Schule bis hin zu pädagogischen Höchstleistungen war hier die Rede. Er starb sehr früh – und erst jetzt wurde das grauenhafte Ausmaß des

Schmerzes offenbar. Lebenslang hatte er durch seinen unentwegten Arbeitseinsatz (vergeblich) versucht, diesen Durst nach Angenommen-Sein zu stillen.

Die Prägung, das Lebensmotto „Liebe gegen Leistung" ist ein Haupt-Risikofaktor für ein Burn-out-Syndrom.

Unsere Zeit mit ihren nicht abreißenden, einander jagenden Umwälzungen und Herausforderungen verlangt uns eine nie dagewesene permanente Erhöhung des Lebens- und Arbeitstempos ab. Können unsere eigenen Reserven mithalten?

Unsere Eltern hatten da noch ein geruhsames Leben: Sie verdienten ihr Geld fünfzig Jahre lang mit ein und demselben Beruf, nicht selten sogar im selben Unternehmen. Nun, vielleicht waren es auch zwei oder gar drei Arbeitsplätze, bis sie dann mit Dreißig den Posten fürs Leben gefunden hatten. Wo aber das Prinzip „Anerkennung gegen Leistung" auf eine Umgebung trifft, die immer mehr fordert, ist ein Absturz fast unausweichlich.

Grenzenlose Leistungsbereitschaft

Und Leistung wird erwartet – von allen möglichen Seiten, zu allen möglichen und unmöglichen Zeiten. Wer aber als Kind die Erfahrung gemacht hat, dass man „Liebe" nur „gegen Leistung" bekommt, der kann kaum Nein sagen. Er hat ja gelernt, dass das einen fast unerträglichen Schmerz verursacht: Ablehnung, Liebesentzug tun weh. Es ist immens wichtig, dies zu durchschauen. Gerade wenn meine Grenzen nicht respektiert werden, wenn sie immer wieder ignoriert und überschritten werden, dann ist es nicht nur legitim, sondern geradezu notwendig, auch einmal eine Bitte, eine Zumutung abzulehnen.

Wir leben heute in einer Instant-Gesellschaft, die darauf gepolt ist, dass alles zu jeder Zeit verfügbar ist. Wer es aber nicht schafft, sich die von Gott verordneten Ruhezeiten freizuhalten und zu sichern, wird zwangsläufig krank – dazu später mehr. Zu einer gesunden Persönlichkeit gehört es, Nein sagen zu können. Es ist keineswegs ein Zeichen fehlender Nächstenliebe, man macht sich auch nicht der Verachtung des Gegenübers oder sonstwie schuldig, wenn man unrechtmäßige Forderungen ablehnt[5]. Jesus selbst hat gesagt: Euer Ja sei ein Ja – und euer Nein sei ein Nein! Und das mitten in der berühmten Bergpredigt (Matthäus 5,37).

Heute haben wir Entwicklungen zu bewältigen, die der Menschheit noch vor einer Generation unbekannt waren. Man las die Tageszeitung, sah abends die Tagesschau und damit war das Informationsbedürfnis gestillt. Heute leben wir in dem Wahn der angeblich informierten Gesellschaft. Wir glauben, es sei lebensnotwendig, jederzeit umfassend informiert zu sein, und ertrinken im Ozean der uns „auf allen Kanälen" erreichenden Informationen. Man hat Angst, das entscheidende Etwas zu verpassen, und diese Angst sorgt zuverlässig für Unruhe und Rastlosigkeit.

Auch hier gilt es, einen klaren Strich zu ziehen: Mein Wert als Person hängt nicht davon ab, ob und inwiefern ich informiert bin über alles Mögliche und Unmögliche. Ich muss auch nicht überall mitreden können.

---

[5] Dazu Cloud/Townsend, Nein sagen ohne Schuldgefühle, siehe Bücherliste im Anhang.

Freiheit – oder Wert(e)-Verlust?

Wesentlich belastender ist jedoch die angeblich so beglückende gesellschaftliche Entwicklung, die heute möglich gewordene große „Freiheit". Wenn die früher verbindlich gelebten familiären Strukturen heute so leicht zerbrechen, ist das in Wirklichkeit ein großer Verlust an wertgebender Beziehung, führt es zum schrittweisen Verlust unseres Selbst-Wert-Gefühls. Äußerlich wie innerlich leben wir heute viel isolierter als vor Jahrzehnten. Was früher noch im aufeinander achtenden Familienkreis aufgefangen werden konnte, muss nun alleine bewältigt werden.

Zusammenfassend kann man feststellen, dass wir mehr und mehr dazu gedrängt werden, uns über Leistung definieren zu müssen. Der Mensch wird mehr und mehr zur Maschine, rast- und orientierungslos und ohne familiäre Wurzeln treibt er in der hoffnungslosen Sintflut der Informationsgesellschaft … ist es da verwunderlich, dass die Lebenskraft erlahmt und der Mensch ausbrennt?

Wir wurden nicht als Maschinen geschaffen, Gott hat völlig andere Pläne für uns – es lohnt sich, einmal nach dieser weithin verschütteten himmlischen Wahrheit zu fragen.

Wer bin ich?

Diese Frage ist scheinbar banal und schnell zu beantworten. Wir wissen alle gut, womit wir unsere Tage füllen: Als Mutter, Vater, Ehepartner/in; und in unserer heutigen Leitungsgesellschaft definieren wir uns meist über unsere beruflichen Aktivitäten: Wir sind Gärtner, Sozialpädagoge, Rechtsanwalt oder Lehrer.

Damit wird aber nur die Frage beantwortet, *was wir tun,* nicht aber, *wer wir sind.* Von der Bibel her sind wir Menschen Geschöpfe Gottes. Damit sind wir Menschen von Gott gewollt und haben in Ihm ein transzendentes Gegenüber.

1. Mose 1,27
Und Gott schuf den Menschen zu seinem Bilde, zum Bilde Gottes schuf er ihn; und schuf sie als Mann und Frau.

Der Urtext offenbart hier eine wesentlich markantere Aussage[6]. Das hebräische Wort, das hier für „Bild" steht, bedeutet „Abbild der Urform". So ist der Mensch, der nach dem Bild Gottes geschaffene Mensch, ein Ebenbild Gottes.

Die hebräische Wurzel für „Bild" kann auch als „Ähnlichkeit, Nachbild, Entsprechung" wiedergegeben werden. Somit steht der Mensch im „vis-à-vis" zu Gott – er ist Gottes Gegenüber.

Zeitgemäßer formuliert könnte man sagen, wir Menschen haben alle zumindest das unbestimmte Wissen in uns, dass es etwas Transzendentes, Ewiges geben „muss", zu dem wir in Beziehung treten und das wir kennenlernen wollen, ja mit dem wir leben können – wie auch immer das sein mag.

Und genau davon spricht dieser erste Schöpfungsbericht.

Der Mensch ist eben kein hochkomplexes Zufallsergebnis der Evolution, sondern laut Schöpfungs-

---

[6] Begriffsherleitung nach: Wuppertaler Studienbibel, Bräumer, „Das erste Buch Mose", Bd. 1, S. 56.

bericht gewollt und als irdisches Gegenüber Gottes auf diese Erde gesetzt.

> **Wir wurden, und da deckt sich die Sehnsucht oder auch der hilflose Schrei vieler Menschen unserer Tage, von Gott als Beziehungswesen erschaffen!**

Gottes gute Schöpfung

Lassen Sie uns diese Tatsache noch etwas weiterentwickeln. Gott schafft die Welt mit der Buntheit und ihrer schier unübersehbaren Vielfalt an Lebewesen. Er betrachtet Sein Werk und am Ende des sechsten Tages erhält die frisch geschaffene Welt als Ganzes aus dem Munde Gottes ein unüberbietbares Qualitätssiegel:

1. Mose 1,31
Und Gott sah an alles, was er gemacht hatte, und siehe, es war *sehr gut*. Da ward aus Abend und Morgen der sechste Tag[7].

Auch hier lohnt es sich, einmal kurz den eigentlichen Bedeutungen nachzuspüren. „Das Wort ‚sehr' ist eigentlich ein Substantiv und bedeutet ‚Kraft, Vermögen, Mächtigkeit, Wucht'. Zusammen mit dem Wort ‚gut', das zugleich ‚angenehm, brauchbar, zweckmäßig, freundlich und schön' bedeutet, nennt Gott sein Schöpfungswerk ‚überaus gut und schön'"[8]. Eine Steigerung

---

[7] Hervorhebung durch den Verfasser.
[8] Wuppertaler Studienbibel, Bräumer, „Das erste Buch Mose" Bd. 1, S. 61.

hinsichtlich Funktionalität, Ästhetik, Genialität etc. ist somit nicht mehr möglich.

Spüren wir dies nicht hin und wieder, wenn wir durch unberührte Natur wandern und diese Grandiosität und die vollkommene Schönheit im Detail und als Gesamtwerk auf uns wirken lassen? Diese Welt ist einfach genial gemacht.

Liest man dann ein paar Verse weiter, kommt Gott (!) zu der Erkenntnis, dass es in dieser frischen, guten Schöpfung einen Zustand gibt, der „nicht gut" ist – das Allein-Sein Adams.

1. Mose 2,18
Und Gott der HERR sprach: Es ist nicht gut, dass der Mensch allein sei; ich will ihm eine Gehilfin machen, die um ihn sei.

Zunächst eine Zwischenbemerkung: Das Wort „Hilfe" an dieser Stelle hat zu sehr vielen unheilvollen, falschen und verletzenden Ableitungen geführt – auch hier lohnt es sich, die ursprüngliche Bedeutung dieses Begriffes näher anzuschauen. Bräumer fasst die Äußerungen Gottes bezüglich der Not des einsamen Adam so zusammen: „Der Mensch braucht bei *relativer Verschiedenheit* eine passende Ergänzung von wesentlicher Gleichheit."[9] Diese „Hilfe" ist also nicht ein ihm, Adam, untergeordnetes Wesen im Sinne einer persönlichen Bediensteten, sondern ein gleichwertiges, ihm entsprechendes Gegenüber.

Viel wichtiger in unserem Zusammenhang aber ist die

---

[9] Wuppertaler Studienbibel, Bräumer: „Das erste Buch Mose" Bd. 1, S. 76 – Hervorhebungen durch den Verfasser.

Tatsache, dass der Mensch als individuelles Wesen (heute würden wir sagen, als Single) in einer Ordnung lebt, die Gott als „nicht gut" bezeichnet. Wir haben die unsterbliche Sehnsucht nach einem dauerhaften, verbindlichen menschlichen Gegenüber in uns. Die rabbinische Tradition formuliert diese Sehnsucht eindeutiger: „Das soll bedeuten, dass der Mensch erst dann als Mensch bezeichnet wird, wenn der Mann die Frau gefunden hat; denn vorher haben sie noch nicht das Stadium der Vollkommenheit erreicht."[10] Grundsätzlich fehlt uns etwas ohne Partner/in. Wir sind dafür geschaffen, in einer verbindlichen, lebenslangen Beziehung zu leben. Dieses widerspricht nicht den Worten Jesu, dass es einzelne Menschen gibt, für die das Alleinbleiben der richtige Weg ist[11].

Somit ist die eingangs gestellte Frage: „Was ist der Mensch?" wie folgt zu beantworten:

Der Mensch ist geschaffen als Beziehungswesen.
Er braucht
- **eine vertikale Beziehung: Mensch – Gott**
- **horizontale Beziehungen: Mensch – Mensch**

Daraus ergibt sich:

Wo wir nicht in diesen Ordnungen leben,
<u>können</u> wir nicht erwarten,
dass wir zufrieden sind,
dass wir mit uns selbst glücklich werden
und innerlich zur Ruhe kommen.

---

[10] Lau: Wie Juden leben, S. 320.
[11] Matthäus 19,12

Lassen Sie uns noch ein wenig die göttlichen Grundordnungen der Schöpfung betrachten – und dabei kommen wir schon zu einem Schlüssel, der weitgehend vor **Burn-out** schützt.

Überleben heute – das biblische Patentrezept gegen Burn-out

Wer sind Sie?
Liegt Ihnen hier, wie gewohnt, Ihre Berufsbezeichnung auf der Zunge? Dann möchten wir Sie damit konfrontieren, dass Sie als Mensch geschaffen sind und doch oft als Maschine leben – leben müssen (*müssen* Sie das *wirklich*?).
Viele Menschen sind heute tagein, tagaus an sieben Tagen in der Woche damit beschäftigt, die an sie gestellten Anforderungen zu bewältigen. Die beruflichen Herausforderungen nehmen ständig zu und werden immer steiler. Immer mehr Menschen leben nicht mehr in stabilen Familien, besonders Alleinerziehende stöhnen unter der unmenschlichen Doppelbelastung von Kindererziehung und häufig aufgezwungener Berufstätigkeit. Oft stecken sie bis über die Ohren in hoffnungsloser Überforderung und kämpfen gegen Resignation. Das einzige, was sie immer noch weiterkämpfen lässt, ist diese unaufgebbare Verantwortung für ihre Kinder. Diese Personengruppe kennt alle nur denkbaren psychischen und auch organischen Beschwerden. Und wir, die wir um Hilfe angegangen werden, stehen dem – ob ambulant, ob stationär – medizinisch und psychologisch weitgehend hilflos gegenüber.

Gottes Grundordnungen für uns Menschen

Versuchen wir doch einmal, uns einen Moment davon abzuwenden und aufzuspüren, wie Gott sich ursprünglich die Grundordnungen für seine Menschen vorgestellt hat.

Zwei Punkte sind hier von grundlegender Bedeutung:

1) Wir sind **Beziehungswesen**. Wir sind geschaffen für eine echte und lebendige, heile und exklusiv treue Beziehung zu Gott, unserem Schöpfer, der uns ja auch zugesagt hat, uns nie zu verlassen[12]. Die eheliche, lebenslänglich verbindliche Beziehung zwischen Mann und Frau ist eine „Abschattung" dieser Beziehung zwischen Gott und dem Menschen. Wo dieses Fundament für Familie und weitere gute Beziehungen angetastet wird, sind Folgeschäden, vor allem bei den Kindern, unvermeidbar und in ihrer Tragweite unübersehbar. Ferner brauchen wir auch darüber hinausgehende tragende Beziehungsgeflechte (Freunde, Verwandtschaft, Gemeinde) – und natürlich auch regelmäßige Zeiten mit und für uns alleine, sei es ein entspannender Spaziergang, beim Sport oder auch ganze Tage, an denen wir uns völlig zurückziehen können.

2) Eine weitere Grundordnung finden wir auf Seite 2 jeder Bibel: Den **Ruhetag** am Ende einer Arbeitswoche. Dies ist eine optimale Vorbeugung gegen **Burn-out**.

Der siebte Tag – ein Geschenk Gottes

Gott erschafft in sieben „Tagen" diese Welt. Anzumerken ist hier, dass der hebräische Begriff für „Tag", „jom", ebenso gut mit „Zeitraum" übersetzt werden

---

[12] Hebräer 13,5

kann. Die Bibel behauptet nicht, dass Gott in 7 x 24 Stunden á 60 Minuten die Erde erschaffen habe. Der erste Schöpfungsbericht sagt vielmehr nur,

- dass die Welt erschaffen wurde (und damit gewollt ist),
- dass sie demzufolge ein göttliches Gegenüber hat, und
- dass die Lebewesen in einer bestimmten Reihenfolge entstanden sind.

Die in 1. Mose 1 angeführte Reihenfolge ist übrigens deckungsgleich mit den Ergebnissen entsprechender archäologischer Forschungen.

Die eigentliche kreative Schaffensperiode erstreckte sich über sechs Zeiträume („Tage"). Am Ende des sechsten Tages, nach der Erschaffung des bzw. der Menschen, versieht Gott die Welt mit dem Prädikat „sehr gut" – und dann?

1. Mose 1,31f
Und Gott sah an alles, was er gemacht hatte, und siehe, es war sehr gut. Da ward aus Abend und Morgen der sechste Tag.
So wurden vollendet Himmel und Erde mit ihrem ganzen Heer.
Und so vollendete Gott am siebenten Tage seine Werke, die er machte, und ruhte am siebenten Tage von allen seinen Werken, die er gemacht hatte.
Und Gott segnete den siebenten Tag und heiligte ihn, weil er an ihm ruhte von allen seinen Werken, die Gott geschaffen und gemacht hatte.

Was geschieht also an diesem siebten Tag?

1. Die Schöpfung ist erst mit dem siebten Tag vollendet – an diesem Tag „vollendete Gott seine Werke."
2. Gott „ruhte" an diesem Tag von seinen Werken.
3. Gott „segnete" diesen Tag.
4. Gott „heiligte" diesen Tag, eben weil er an ihm ruhte von allen seinen Werken.

Im Einzelnen:

Zu 1. Die Schöpfung ist erst mit dem siebten Tag beendet – an diesem Tag „vollendete Gott seine Werke"

In einer wörtlichen Übersetzung[13] ist hier zu lesen, dass Gott „seinen Auftrag, den er getätigt hatte, am siebten Tag ‚vervollständigte'". Somit ist die Schöpfung ohne den siebten Tag nicht komplett. *Der siebte Tag mit der ihm eigenen Ruhe* gehört also zwingend mit in den Grundrhythmus, den Gott dem Menschen gegeben, in den Er uns hineingesetzt hat! Wenn wir nur das „Schaffen" (hier schwäbisch gemeint) der ersten sechs Tage als Leben ansehen, ist uns etwas sehr Fundamentales verloren gegangen – mit weitreichenden Folgen.

Zu 2. Gott „ruhte" an diesem siebten Tag

Was heißt „ruhen"? Im Hebräischen finden wir hier das Wort „shabat", welches diesem Wochentag auch seinen Namen und damit sein „Programm" gegeben hat. Es ist etwas völlig anderes als das deutsche „ruhen".
Wenn wir ruhen oder ausruhen möchten, sehnen wir

---

[13] Nach Baader.

uns nach Couch oder Liegestuhl. In einem relaxten, leicht dösenden Allgemeinzustand frönen wir dann dem Essen und Trinken und lassen uns von allerlei Unterhaltung berieseln.

Nach Baader[14] finden sich in dem Wort „Shabat" jedoch völlig andere Inhalte:

- Zunächst beinhaltet dieser Begriff die Tatsache des „Aufhörens" – also der **Beendigung von praktischen, nützlichen und zielgerichteten Tätigkeiten.** Dieses setzt eine bewusste Willensentscheidung sowie gute Organisation voraus und bedarf konsequenter Umsetzung. Niemand, der im Erwerbsleben steht, einen Haushalt führt oder Kinder erzieht, kann jemals von ganzem Herzen sagen, dass wirklich alles abgeschlossen und fertig ist. Hier steht somit bewusst eben nicht, dass wir alltägliche Dinge „vollenden" oder „als vollständig erledigt abschließen", sondern dass wir schlicht und ergreifend „aufhören" – innehalten.

  Das ist für jeden Menschen, welcher Tätigkeit er auch nachgehen und in welchen Verpflichtungen er stehen mag, nichts weniger als eine gewaltige Herausforderung!

> **Wir kommen nur dann zur Ruhe, wenn wir es lernen, Dinge liegen zu lassen.**

- Des Weiteren beinhaltet der Begriff „Shabat" das **„Shabat-Feiern".** Für Juden ist es völlig unvorstellbar, Gottesdienste oder Feiertage zu „halten". Sie werden gefeiert! Somit enthält dieser Ruhetag keine

---

[14] Siehe Baader: Wortkunde der Bibel, S. 123.

orientierungslose Passivität, sondern er ist eine allwöchentliche Zäsur, die mit Freude, Unbeschwertheit und viel Gemeinschaft (bei gutem Essen) gefüllt ist. Nebenbei: Können Sie sich vorstellen, dass ein Orientale alleine feiert? Wohl kaum.

- Die letzte hier angeführte Bedeutung ist mit **„Sitzen"** wiedergegeben. Die an diesem Tag gefeierte **Gemeinschaft mit Gott und Mensch** (!) findet eben nicht im Stehen (bei der Arbeit) statt, sondern man sitzt. In der Zeit des Alten Testaments war es weithin den regierenden Männern vorbehalten, im Alltag zu sitzen: „Die Ältesten saßen[15] im Tor", so lesen wir an mehreren Stellen des Alten Testaments. Das Volk hatte zum Sitzen keine Zeit. Die Arbeit wurde im Stehen erledigt. Und man legte auch lange Strecken zu Fuß zurück. Der Shabat bedeutete gerade in dieser letzten Bedeutung des „Sitzens" für die arbeitende Bevölkerung eine von Gott verordnete Erquickung, die in dem damaligen kulturellen Umfeld ihresgleichen suchte.

„Sitzen" bedeutet, auch, dass wir uns Zeit mit Gott nehmen, Zeit mit der Familie und mit Freunden. Und wir sollten uns auch Zeit nehmen für Dinge oder Tätigkeiten, **die uns Freude bereiten,** die uns entspannen und erquicken an Leib, Seele und Geist.

In unserer heutigen Zeit mag der Aspekt der körperlichen Ruhe zur Regeneration nicht mehr unbedingt im Vordergrund stehen. Viele Menschen heute sitzen zu viel und bewegen sich zu wenig. Für Menschen, die einer körperlich schweren Arbeit nachgehen, ist

---

[15] Zum Beispiel Ruth 4,1.

dieser „Sitz"-Tag jedoch eine lebensnotwendige Ruhephase, in der auch ihr Körper regenerieren kann.

Somit ist diese Ruhe am siebten Tag der Woche nicht mit inhaltsloser Passivität gleichzusetzen.
Bis hierher beinhaltet der Ruhetag also
- ein geplantes, bewusstes Aufhören, ein Unterbrechen alltäglicher Tätigkeiten,
- das Feiern dieses Tages und
- körperliche Erholung, zum Ausdruck gebracht durch den Begriff „Sitzen".

Zu 3. Gott „segnete" diesen Tag
Rienecker umschreibt diesen Ausdruck kurz mit: „Unter Segnen versteht die Heilige Schrift die Zuwendung von göttlichem Heilsgut an Menschen, sei es durch Gott selbst oder durch in der Macht Gottes handelnde Menschen"[16] Die Elberfelder Studienbibel definiert kurz: „segnen, d. h. mit heilvoller Kraft ausstatten"[17]
Und konkret in Bezug auf das Segnen des siebten Tages schreibt Bräumer: „Im Segen des siebten Tages wird diesem eine Kraft verliehen, die ihn für das Menschendasein fruchtbar macht.".[18]
Somit ist dem Halten, sorry: Feiern dieses Tages die Zuwendung göttlichen Heils, göttlicher Kraft zu eigen. Nach sechs Tagen mühsamer Alltagsgeschäfte findet am siebten Tag Gesundung und Stärkung statt – wenn es denn der Mensch schafft, sich von seiner üblichen Arbeit abzuwenden. Diese Regeneration findet aber

---

[16] Rienecker: Lexikon zur Bibel, S. 1274.
[17] Elberfelder Studienbibel, Begriff 1309.
[18] Bräumer, Wuppertaler Studienbibel, 1. Buch Mose, S. 63.

nicht in der emotionalen Sterilität einer Notfallaufnahme statt – Gott leistet nicht einfach Erste Hilfe und verbindet oberflächlich. Vielmehr ist der Ruhetag eine Zeit der Freude an Gott und der Freude am Mitmenschen. Dieser Tag enthält viel mehr als das bloße Durchatmen, um die bevorstehende Woche gerade so zu „überleben". Er ist Chance zu unendlich befriedigenden Begegnungen mit Gott, aber auch – ohne den Druck und die Anforderungen des Alltags – zur Gemeinschaft mit Menschen.

Gott „heiligte" den siebten Tag

In diesem Wort klingt zunächst einmal das deutsche Wort „heil" an – im Sinne von unversehrt, vollständig, intakt. Etwas Heiliges ist vollkommen. So ist bei Gott auch der siebte Tag etwas Vollkommenes, Unversehrtes.

Eine zweite, wesentliche Eigenschaft von etwas Heiligem ist die Tatsache, dass es von dem Weltlichen, Alltäglichen „abgesondert" ist. Wir leben und wirken in dieser Welt – und das ist auch gut so. Aber das ist nicht alles, es gibt auch das eben nicht-Alltägliche, das Besondere, Abgesonderte, Heilige. Im Alten Testament sind es klar umschriebene, besondere, für Gott abgesonderte Menschen, Dinge oder Zeiten, die im Gegensatz zum Alltäglichen stehen.

Wenn Gott diesen Tag absondert von den übrigen sechs Tagen, dann stellt der Shabat, der Ruhetag (in unserm Kulturkreis wird das für die meisten Menschen der Sonntag sein), ein Gegengewicht, ein Gegen-Teil zum Alltag dar.

Mit beiden Beinen fest auf der Erde stehen

Im ersten Schöpfungsbericht, auf der ersten Seite der Bibel, erschafft Gott diese Welt, in dem Er Gegensätze gestaltet: Himmel – Erde, Wasser – Land, Sonne – Mond, Tag – Nacht, Mann – Frau etc. Wir sind als Menschen in diese Zweiheit hineingesetzt. Das Gegenüber zu sechs Tagen Arbeit, der Ruhetag, gehört somit zu der Grundordnung der Welt. Wenn wir jedoch meinen, auf diesen Teil verzichten zu können, stehen wir nur noch auf einem Bein – Instabilität ist die unabwendbare Folge.

Die Bibel sagt deutlich, dass wir Schaden nehmen, wenn wir den Ruhetag nicht einhalten[19].

Erste praktische Schritte

Menschen mit **Burn-out**-Erkrankungen befinden sich in einer Lebenssituation, die prägend gekennzeichnet ist von u. a. Überforderung und daraus resultierender Kraftlosigkeit. Darf ich (Stephan) mich als Arzt direkt an Sie wenden? Sie sind eingebunden in Anforderungen, die Ihre eigenen Kräfte bei weitem übersteigen. Diese Tatsache soll hier nicht leichtfertig zur Seite geschoben werden.

Die bisher erarbeiteten Grundlagen haben gezeigt, dass

- Sie eher wie eine Maschine als wie ein Mensch leben (müssen);
- Sie in diesem Hamsterrad keine Zeit, Kraft und Ruhe finden, um zur Besinnung zu kommen;

---

[19] 2. Mose 31,12-17

- in Ihnen die Sehnsucht lebt nach unbelasteten, stabilen zwischenmenschlichen Beziehungen. Diese Sehnsucht schreit in jedem Menschen – wenn sie nicht schon resigniert hat und verstummt ist oder aber ihre Erfüllung gefunden hat.

Und:
- Gehen wir davon aus, dass Sie persönlich an Ihren Lebensumständen (Beruf, familiäre Situation) derzeit nichts Wesentliches ändern können. Den Job kann man nicht von heute auf morgen wechseln – und auch als berufstätige oder Hartz-IV-empfangende alleinerziehende Mutter hat man meist keine Alternative.

Zunächst möchte ich Ihnen versichern:

> **In den 15 Jahren meiner ärztlichen Tätigkeit habe ich bislang keinen einzigen Burn-out-Patienten gehabt, der sich konsequent an die oben erläuterte Grundordnung „Sechs Tage arbeiten und einen Tag Ruhe" gehalten hätte.**

Überforderungs-Situationen sind traurige Tatsache, und der Druck wächst. Die „Drehzahl" erhöht sich immer weiter. Man nimmt sich vielleicht Ruhezeiten und geht am Wochenende nicht an den Arbeitsplatz, aber innerlich hat man die Arbeit (Konflikte, Fragen, Probleme, Notebook und Mobiltelefon) mitgenommen und kommt deshalb auch nicht zur Ruhe. Die Kräfte lassen nach, die Anforderungen hingegen steigen weiter.

Dazu gesellt sich dann häufig noch die frustrierende Erkenntnis: „Früher habe ich das alles mit links erledigt" und die Schlussfolgerung, dass es doch möglich sein müsse, aus eigener Kraft wieder Oberwasser zu bekommen.

Aber alles Zusammennehmen, alle Kraftakte führen letztendlich nur zu einer Zunahme der Beschwerden, zu noch mehr Frust bis hin zur Verzweiflung und irgendwann zum totalen Zusammenbruch.

Der allererste Schritt aus diesem wirklich tödlichen Teufelskreis ist ist ganz einfach zunächst einmal nur die *Selbsterkenntnis:* „Ich bin leer, ich bin ausgebrannt."

Der zweite ist dann die klare **Willensentscheidung:**

„Ich will aus diesem Dauerlauf, aus diesem Hamsterrad heraus!"

Wartungstermine

Der freundliche Vorschlag, jede Woche einen kompletten Ruhetag einzulegen, hört sich angesichts des vollen Alltags jedoch wie ein schlechter Scherz an: „Dann fehlt mir diese Zeit ja auch noch!"

Aber mal langsam:

Jede Maschine hat Zeiten, wo sie abgeschaltet und dann gewartet wird. – Es sei denn, wir reden von billigen Einweggeräten, wo der Non-stop-Einsatz ein frühes, endgültiges Aus bewirkt.

> **Der entscheidende Schritt heraus aus der Tretmühle ist das bewusste Ändern von Prioritäten.**

Stecken Sie bis zum Hals in Überforderung, nehmen Sie sich doch bitte Ihren Kalender vor. Zuallererst, **vor allem anderen,** tragen Sie für die nächsten zwei Monate jeden Sonntagnachmittag Ihren eigenen Namen, „Familie" oder einfach „Ruhe" ein.

Was bis dahin nicht erledigt werden konnte, **bleibt liegen.** Das große Geheimnis liegt in der Kraft, die jeder Mensch aus diesen **geplanten und regelmäßigen (!)** Ruhezeiten schöpft. Sie gehen auch schon nach einem halben Sonntag als Ruhetag gestärkter in die neue Woche als nach einem, der mit Pflichten und anstrengenden Aktivitäten oder langen Autofahrten gefüllt war. Gott honoriert diesen Gehorsam durch bis dahin unbekannte Kraft.

Wenn Sie merken, dass es Ihnen durch diese **geplanten und regelmäßigen** Ruhezeiten besser geht, erweitern Sie diese Priorität und reservieren Sie den gesamten Sonntag als Ruhetag.

Keine verpflichtenden Termine, kein Fensterputzen oder Gartengroßeinsatz. Kein Gardinenwaschen oder Vorkochen für die nächste Woche. Auch erstellen Sie in dieser Zeit keine Berichte für den Chef, die Buchführung bleibt liegen, es werden keine Überweisungen getätigt und auch keine Einkäufe im Internet ausgeführt.

Gar nicht so einfach??

Ich weiß, das ist nicht leicht. Wenn man Kinder erzieht, im Studium ist oder im Erwerbsleben steht, ist das ganz schön herausfordernd. Es lohnt sich aber, diesen Ruhezeiten den Vorrang zu geben – **vor allem anderen**.

Dazu gehört dann auch, dass man die Kinder dazu erzieht, dass sie ihre Schularbeiten und sonstigen Pflichten *vor* diesen Ruhezeiten erledigen. Auch das ist eine Herausforderung, die aber umsetzbar ist und bald positive Auswirkungen zeigen wird. Als Nebeneffekt übt das Kind damit automatisch eine gute **Burn-out**-Vermeidungsstrategie ein. Damit wird ihm später Ihre derzeitige Not erspart bleiben.

Wenn es auch nicht auf Anhieb klappt: Bleiben Sie dran. Auch wir (Familie Bauer) brauchten Übung. In unserem großen Haushalt mit fünf Kindern und Landarztpraxis hatten wir in den Sportvereinen, mit Musikunterricht und zahlreichen anderen Aktivitäten jede Menge Termine – auch die Kinder mussten manches umstellen. Aber ich kann Ihnen versichern: Es lohnt sich wirklich, konsequent dranzubleiben.

Aber es funktioniert!

Als Ermutigung lassen Sie mich die wahre Geschichte eines Studienfreundes erzählen. Dieser hatte mit einem wirklich nur mittelmäßigen Abitur durchs Los einen Medizinstudienplatz bekommen. Er begann das Studium mit sichtlichen Zweifeln, ob er es überhaupt schaffen würde – unter all den Hochbegabten. Lernen war für ihn harte Arbeit. Zu Beginn des zweiten Semesters wurde er dann für einige Wochen krank, seine Selbstzweifel nahmen zu und er begann als Ablenkung, sozusagen als Gegenprogramm zum Studium, die Bibel zu lesen. Hier stieß er auf das Gebot des allwöchentlichen Ruhetages.

Aus lauter Verzweiflung ließ er tatsächlich alles, was mit Medizin zu tun hatte, konsequent am Sonntag ruhen. Um es kurz zu machen: Das Studium absolvierte er in Regelstudienzeit, ohne auch nur eine einzige Prüfung wiederholen zu müssen – und im zehnten Semester war die Promotion fertig. Seine kurze Antwort auf die Frage, wie er das als Semesterdummerchen geschafft habe: „Durch das konsequente Feiern des arbeitsfreien Sonntags – auch wenn es besonders zu Beginn wirklich ein Kampf war!"

Noch eine kleine Geschichte gefällig?

In meine (Stephans) Praxis kam vor einigen Jahren ein Heizungsbauer, er war so Anfang Dreißig. In den letzten Jahren hatte er einen eigenen Betrieb hochgezogen. Nicht nur eins, sondern gleich drei Handys hingen ihm am Gürtel. Sie waren nicht nur zu sehen, sondern gaben fleißig Musik und allerhand andere schrille Geräusche von sich.

Der Mann beklagte sich über massive Magenschmerzen – nachdem er neulich sogar etwas Blut gespuckt hatte, sei seiner Frau der Kragen geplatzt. Sie hatte ihm allen Ernstes gedroht, Konsequenzen zu ziehen, wenn er nicht zur Vernunft käme. Auf Nachfrage erzählte er über seinen jungen Betrieb, beschrieb seinen übervollen Terminkalender und gestand dann auf meine indiskrete Nachfrage, dass er seit sechs Jahren keinen Urlaub mehr gemacht hatte. Und: Am Wochenende „müsse" er für Notfälle bereit sein, der Markt erwarte das, und sonntags sei Büro-Tag. Nebenbei erwähnte er noch seine beiden

Kinder, die er kaum zu Gesicht bekam und dass „das mit der Ehe auch nicht mehr so lief".

Um es kurz zu machen: Das blutende Magengeschwür wurde mittels Tabletten binnen kurzer Zeit wirksam behandelt – aber gleichzeitig mit dem Rezept kam die wohl entscheidende Frage: Mit welcher Erwartung er denn in die Rentenkasse einzahlen würde – wenn er so weitermachte wie bisher, würde er die nächsten dreißig Jahre wohl nicht überleben. Daraufhin entwickelte sich ein kurzes, aber intensives Gespräch über die zwingende Notwendigkeit eines Ruhetages – auch für freiberufliche Heizungsbauer auf dem Land.

Das Happy-End, besser: der gute Neubeginn ließ nicht lange auf sich warten. Grade mal sechs Wochen später (!) trat dieser Mann abends in einem Restaurant an meinen Tisch und sagte: „'schuldigung, Herr Doktor, aber ich muss Ihnen einfach noch mal Danke sagen. Auf Ihren Rat hin habe ich mit einem Nachbarbetrieb einen abwechselnden Notdienst für die Wochenenden eingerichtet. Ich habe nun jetzt jedes zweite Wochenende wirklich frei, dann mache ich samstags konzentriert mein Büro, bin am frühen Nachmittag fertig. Und am freien Sonntag haben wir keine Termine, ich schalte alle meine Handys aus und habe keine Bereitschaft. Ich bin komplett beschwerdefrei, mein Laden hat bessere Zahlen als je zuvor (!!!), meine Ehe macht wieder Spaß, ich habe ein völlig neues Verhältnis zu meinen Kindern und ich bin glücklich wie seit Jahren nicht mehr! Danke nochmal!"

II. Burn-out – Ursachen, Auswirkungen und Perspektiven aus biblischer Sicht

Burn-out als geistliches Problem

Unsere Persönlichkeit besteht nicht nur aus Körper und Seele. Wir haben auch einen Geist. Das ist der Teil von uns, der eine Beziehung zur geistlichen Welt haben möchte, zu Gott dem Vater, zu Jesus Christus und zum Heiligen Geist.

Jeder Mensch, der Jesus Christus als seinen Herrn angenommen hat, Ihm sein Leben übergeben hat, bekommt von Ihm einen neuen, für geistliche Dinge wachen Geist[20].

2. Korinther 5,17
Darum: Ist jemand in Christus, so ist er eine neue Kreatur; das Alte ist vergangen, siehe, Neues ist geworden.

Da **Burn-out** nicht nur durch körperliche und seelische Defizite bedingt ist, sondern die auslösenden Faktoren in starkem Maße geistlicher Natur sind, möchten wir hier besonders die Möglichkeiten einer *geistlichen Wurzelbehandlung* aufzeigen. Aufgrund unserer Hin-

---

[20] Sollten sie noch kein bewusster Christ sein, der in einer lebendigen Beziehung mit Jesus Christus lebt und damit göttliche Hilfe in Anspruch nehmen kann, dies aber wünschen, können und sollten Sie der Erklärung und Anleitung im Anhang folgen.

gabe an Jesus können wir durch unseren neuen, erweckten Geist geistliche Ursachen entmachten und göttliche Heilungskräfte in Empfang nehmen.

Gott ist unser Schöpfer, und Er hat für jedes Problem, das uns im Leben begegnen kann, schon eine göttliche Lösung vorbereitet. Diese erschließt sich uns in Seinem Wort, der Bibel. Es bleibt allerdings uns überlassen, ob wir diese göttlichen Lösungsangebote ernst- und annehmen wollen.

Hinter körperlichen und seelischen Symptomen stecken geistliche Fehlhaltungen

Im **Burn-out** sind wir gefangen in Gedanken von Überforderung und Versagen bis hin zur Verzweiflung, die uns wie eine Spirale unaufhaltsam immer weiter nach unten ziehen. Gefühle der Minderwertigkeit und depressive Episoden verstärken das Empfinden, den bestehenden Anforderungen nicht mehr gerecht zu werden. Zunächst haben uns eigene Motive und ehrgeizige Gedanken zu mehr Anstrengung angestachelt. Als dann die Reserven erschöpft waren, wurden wir wie überwältigt von der lügenhaften Erkenntnis: „Ich schaffe es nicht, ich bin ein Versager."

Geistliche Hilfen, um Fehlhaltungen zu überwinden

Die zu einem **Burn-out** führenden Faktoren (falsche Einstellungen, grenzenlose Leistungsbereitschaft, Schuld, Sünde, Angst) sind nicht einfach unabänderliches Schicksal. Die Bibel ist voll von Empfehlungen, wie wir diese überwinden können.

> **Wenn wir in dauerhafter Überforderung, in Versagensängsten oder gar in Verzweiflung leben und tagein, tagaus schmerzhaft wahrnehmen, wie wir immer kraftloser werden, gilt es eine generelle, geistliche Entscheidung zu treffen: In welche Richtung schaue ich, wem öffne ich mein Herz, wem schenke ich Glauben? Von wem erwarte ich Hilfe?**

Sehen

Sehe ich nur und ausschließlich auf die für mich zurzeit unüberwindbaren Probleme und auf meine begrenzten Möglichkeiten?

Oder halte ich inne und nehme mir Zeit, mich umzuwenden und auf die göttlichen Perspektiven und Lösungswege zu schauen? Bin ich bereit, mich zu öffnen für übernatürliche Lösungen und Hilfen, wie sie der Schöpfer des Universums in der Bibel offenbart? Denn bei Ihm ist ja nichts unmöglich.

Hören

Welcher Stimme in meinem Inneren schenke ich Gehör? Wenn Gott spricht, nehmen wir das nicht unbedingt akustisch wahr, sondern auch durch Empfindungen, plötzlich gewonnene Erkenntnisse, Träume etc. Aber wie auch immer wir es vernehmen, dieses „Reden" Gottes wird immer von einem übernatürlichen Frieden begleitet sein und uns Vitalität und Lebensfreude vermitteln.

Rufen
Gott ermutigt uns:

> **Psalm 50,15**
> **… und rufe mich an in der Not, so will ich dich erretten, und du sollst mich preisen.**

In dieser Sequenz steht an erster Stelle das menschliche Rufen um Hilfe in der Not, darauf folgt die göttliche Rettung. Diese sieht aber häufig so völlig anders aus, als wir es uns vorstellen oder erwarten. Und dann folgt der Dank an Gott. Diese biblische Verheißung gilt heute noch – auf unseren Notschrei antwortet Gott, indem Er uns hilft; dann ist es an uns, Ihm zu danken. Wir möchten Sie ermutigen, in Ihrer Not ganz konkret und spezifisch Gott um Hilfe anzurufen.

Vielleicht fragen Sie sich, wie man sicher sein kann, dass es wirklich Gott ist, der zu uns redet. Ja, in der Bibel lesen wir, dass auch der Teufel den Menschen Eingebungen gibt. Diese Gedanken sind aber negativ gefärbt, sie ziehen uns herunter. Sie bewirken Unfrieden und zerstören Hoffnung und Lebensmut. – Was nehme ich in mir wahr?

Sich helfen lassen
Wenn Jesus wirklich unser Herr und Helfer ist, dann ist Er das in jeder Lebenssituation – egal, wie aussichtslos sie auch scheinen mag. Er erweist sich auch als Ihr Helfer – wenn Sie Ihn bitten. Mehr noch: Die Bibel ist voll von Geschichten von Menschen in aussichtslosen Situationen – doch dann betrat Jesus die Szene und Dinge änderten sich von Grund auf. Wir dürfen (und sollen!) in jeder Situation offen und sensibel bleiben

für Seine Lösungen. Wir dürfen permanent mit Seinen – göttlichen – Lösungen rechnen und Sein liebevolles Handeln erwarten.

Jesaja 30,15
Denn so spricht Gott der HERR, der Heilige Israels: Wenn ihr umkehrtet und stille bliebet, so würde euch geholfen; durch Stillesein und Hoffen würdet ihr stark sein. Aber ihr wollt nicht ...

Also kommt es nun auf uns an: Wir müssen eine willentliche Entscheidung treffen, still zu werden – dann kann Hoffnung in uns aufkeimen. Die Hoffnung stirbt zuletzt, sagt man. Geben Sie Ihrer Hoffnung Ausdruck, Ihrer Hoffnung auf Jesus. Er wird Sie nicht enttäuschen.

Fallen umgehen und entschärfen
In der Bibel sehen wir, dass der Teufel recht aktiv ist. Das erste Eigenschaftswort, das die Heilige Schrift für den Teufel gebraucht, ist „listig"[21]. Dieser Begriff bedeutet im hebräischen Urtext zunächst einmal „strategisch, hinterlistig, durchtrieben". Seine Aktivitäten sind also auf den ersten Blick kaum zu durchschauen und seine Verführungskünste beschränken sich nicht auf unseren Verstand.
Eine Falle, die man erkannt hat, wird einem nicht mehr schaden können – man wird sie umgehen und zu entschärfen suchen. Im Folgenden wollen wir die vier häufigsten Fallen des Teufels beschreiben, die zum **Burnout** führen können:

---

[21] 1. Mose 3,1

- Angst und Furcht
- Stress, Druck, Überforderung, Sorgen
- Selbstablehnung, Selbsthass, Selbstmitleid
- Ärger, Zorn und Wut, Anklage, Schuldzuweisungen
  und Bitterkeit, Verzweiflung und Resignation

Die erste Falle: **Angst und Furcht**

Angst ist eine Wurzel, die vielen Krankheiten zugrunde liegt. Angst und Furcht kann auch eine Ursache sein für **Burn-out**. Wenn wir nur noch auf unsere menschlichen Begrenzungen und Probleme starren können, werden sie für uns schließlich zu einer Art Glaubensbekenntnis: „Ich bin nicht gut genug." – „Ich bin ein Versager." – „Ich schaffe es nicht – und kann es auch gar nicht schaffen."
Versagensangst, die Angst, sich vor anderen Menschen bloßzustellen oder auch nur vor sich selbst, bringt uns dazu, dass wir uns noch mehr anstrengen. Wir verlangen uns noch mehr Leistung ab – damit wir wenigstens ein bisschen Anerkennung von unserer Umwelt bekommen und uns nicht so schrecklich schämen müssen (das nennt man Leistungsorientiertheit). In dieser Abwärtsspirale fühlt man sich wertvoll, wenn man gute Leistung erbringt. Angst lähmt, das weiß schon der Volksmund. Am Ende steht dann ständige Frustration über die eigenen Fehlleistungen – und man fühlt sich wie der letzte Dreck: Das Selbstwertgefühl ist im Keller.

Schneller, weiter, höher

Gut, wir müssen zugeben, dass in unserer Zeit in vielen Berufen zunehmend mehr, ja extrem viel gefordert wird. Und nicht nur wird die Messlatte ständig höher gelegt, der Takt wird immer schneller; auch unsere Führungskräfte scheinen immer unmenschlicher zu werden. Die Rahmenbedingungen werden immer rauer. Die tatsächliche Überforderung in vielen Berufen ist sehr real. Angst vor Jobverlust, sozialem Abstieg und Verarmung ist für viele Menschen zum gedanklichen Alltag geworden.

Bei alledem erhebt sich jedoch die Frage, ob wir diesen angstbesetzten Gedanken in uns wirklich so viel Raum geben sollen. Wir sehen doch, dass uns unser Versuch, die Dinge aus eigener Kraft zu ändern, ein Frustrationserlebnis nach dem anderen einbringt. Auf uns selber gestellt, lassen uns diese Situationen schließlich in Frustration, Hoffnungslosigkeit und Resignation versinken. Schlimmstenfalls endet dieses Szenario im Selbstmord.

Selber stark?
Gottes Angebot: Fürchte dich nicht, ich bin bei dir!

Die Jünger Jesu lebten sicher in einem ganz anderen Kulturkreis, sie standen vor völlig andersartigen Herausforderungen. Menschlich gesehen aber waren auch sie mit dem „Job", der ihnen aufgetragen war, total überfordert. Jesus sagt ihnen dazu ganz klar:

Johannes 15,5
Ich bin der Weinstock, ihr seid die Reben. Wer in mir bleibt und ich in ihm, der bringt viel Frucht; denn *ohne mich könnt ihr nichts tun*[22].

Auf sich selbst gestellt waren die Jünger damals genauso zum Scheitern verurteilt, wie wir es heute sind. Jesus sagt ihnen hier ganz klar anhand eines bildhaften Vergleichs, dass Er der Saft und Kraft spendende Weinstock ist und sicherstellt, dass die Rebe ihren Auftrag des Saft-Bringens ausführen kann. Wie kann sie Frucht bringen? Nur in der direkten, ständigen Verbindung mit dem Weinstock.

Wenn Er der Herr in meinem Leben ist, dann gehören Ihm nicht nur meine Kirchensteuer und meine Sonntagsgedanken, sondern einfach alles, was zu meinem Leben gehört. Also auch mein Versagen, mein Frust, mein Unglaube, mein Stolz, mein „kann ich selber", meine Versagensängste, meine Leistungsorientiertheit, meine Menschenabhängigkeit. Wenn ich mit diesen Dingen alleine bleiben, in Ruhe gelassen sein will, manövriere ich mich in eine völlige Selbstüberforderung hinein. Warum gestehe ich mir nicht ein, dass ich überfordert bin? Was würde geschehen, wenn ich Jesus auch über meine Überforderung, mein Versagen Herr sein ließe?

Wir würden vorschlagen, dass Sie zuerst einmal Jesus um Vergebung bitten. Wofür? Vielleicht dafür, dass Sie sich von Ihm abgewendet haben und sich stattdessen ausgerichtet haben auf Leistung und Probleme, dass Ihnen die Anerkennung durch Menschen wichtiger

---

[22] Hervorhebung durch den Verfasser.

war als die Beziehung zu Ihm. Worauf haben Sie Ihr Vertrauen gesetzt? Auf Ihn – oder auf sich selbst? Nach biblischen Maßstäben ist das Schuld, die nur bereinigt werden kann, wenn wir sie bekennen (zugeben, gestehen) und Gott um Vergebung bitten.

Nun bitten wir Jesus Christus, dass Er uns annimmt und zum Herrn unseres Lebens wird, dass von nun an Er unser Leben gestaltet. Vielleicht haben wir das schon vor Jahren getan, aber es wird uns gut tun, diese Bitte erneut und vertieft auszusprechen. Wir lernen nun, Ihn in unser Leben einzubeziehen – in unser Denken, Reden und Handeln, in unsere Pläne und Wünsche, in unseren Alltag und in unsere Nöte. Und wir lernen, nicht mehr selber stark sein zu müssen, sondern aus Seiner Kraft zu leben, wie wir in den Psalmen und im Neuen Testament lesen können:

Psalm 27,1
Der HERR ist mein Licht und mein Heil; vor wem sollte ich mich fürchten? Der HERR ist meines Lebens Kraft; vor wem sollte mir grauen?

und

2. Timotheus 1,7
Denn Gott hat uns nicht gegeben den Geist der Furcht, sondern der Kraft und der Liebe und der Besonnenheit.

Diese biblischen Realitäten stehen häufig im totalen Gegensatz zu unserem persönlichen Erleben. Spüren Sie diese Spannung auch? Nein, wir sollten sie weder oberflächlich verdrängen noch schönreden. Aber: Unser subjektives Empfinden ist die eine Realität – aber das Wort Gottes ist genauso real. Welcher Realität möchten Sie sich aussetzen?

Meditieren ...

Wir haben es als sehr hilfreich erlebt, über diese biblischen Realitäten zu meditieren. Das bewirkt Veränderung zum Guten – ohne unsere eigene Anstrengung. Sie können nicht meditieren? Nun, das ist ganz einfach. Sie können das sicher recht gut – oder haben Sie sich etwa noch nie Sorgen gemacht? Oder über etwas intensiv nachgedacht? Das ist auch Meditation – nur nicht so wohltuend wie das Meditieren über die Zusagen Gottes.

Aus dem stillen Meditieren wird irgendwann ein Bekenntnis: Wenn Gedanken in uns mächtig werden, sprechen wir sie aus. Oder andersherum: Wenn wir etwas nicht vergessen wollen, hilft es sehr, es auszusprechen – vielleicht erinnern Sie sich noch, wie Sie als Kind das ABC oder die eigene Adresse auswendig gelernt haben.

... für Anfänger

Der Bibelvers aus dem ersten Brief an Timotheus (der sich auch als potenzieller Versager fühlte) ist für den Anfang eine schöne Grundlage: „Jesus Christus in mir hat mich von Angst befreit und mich ausgestattet mit Kraft, mit Liebe und mit einem klaren, bibelorientierten Denken." Drücken Sie es ruhig mit Ihren eigenen Worten aus: „Er wird mir helfen in den Anforderungen meines Alltags, so dass sie mich nicht mehr über mein Vermögen belasten oder gar zerstören können."

Entdecken Sie auch andere Aussagen der Bibel und

nehmen Sie diese für sich in Anspruch: „Jesus Christus wohnt in mir mit Seinem überfließenden Leben[23].Er ist in meiner Schwachheit mächtig[24]. Der Heilige Geist in mir ist mein Helfer und Beistand[25]."

„Mit Christus in mir lebe ich nicht *unter* den Umständen, sondern durch Seine Kraft bin ich mehr als ein Überwinder[26]". Und: „Ich vermag alles durch den, der mich stark macht, Christus[27]."

Es gibt Lebenssituationen, in denen sich derartige Bibelverse wie Botschaften von einem fremden Stern anhören … und das sind sie ja auch. Deshalb sollten wir auch anders damit umgehen und unsere gewohnte Leistungsschiene einmal links liegen lassen. Es geht ja nicht darum, noch fester zu glauben, noch mehr zu beten und noch mehr Hingabe zu leben: „Ich schaffe es, jetzt weiß ich ja, wie es geht!" So wird die nächste Bruchlandung schon vorprogrammiert.

Sondern wir halten uns immer wieder vor Augen: In allem sind wir von Gott abhängig und von Seiner Gnade, unsere eigene Leistung bringt uns nicht weiter.

Bitten Sie den Heiligen Geist, Ihnen eine Liebe zum Wort Gottes zu schenken. Bitten Sie Ihn darum, dass Er die Zusagen der Bibel in Ihrem Inneren lebendig macht. Im Wort Gottes steckt heilende Kraft – auch für Sie[28].

---

[23] Johannes 10,10

[24] 2. Korinther 12,9

[25] Johannes 14,26

[26] Römer 8,37

[27] Philipper 4,13

[28] Psalm 107,20

Gottes Heilmittel: Seine Vaterliebe

Burn-out-Patienten leiden unter einem stark schwindenden „Selbstwertgefühl". Dieses Wort ist heute All-
gemeingut geworden, aber was steckt eigentlich dahin-
ter? Man könnte stattdessen auch sagen: die persönlich
empfundene Stärke, die Überzeugung davon, dass ich
wichtig, okay und nützlich bin, dass ich mich auf mich
selbst verlassen kann und andere Menschen auch. Bei
Burn-out-Patienten ist davon kaum mehr etwas übrig.
Sie haben zu viel Misserfolg erlebt, zu oft den an sie
gestellten Anforderungen nicht genügt.

Nicht nur für sie ist es wichtig, eine ganz neue Sicht zu
bekommen: Wir brauchen aufbauende, anerkennende
Äußerungen unserer Umgebung, die uns Wertschätzung vermitteln. Dies kann durch Worte geschehen,
aber auch durch freundliche Berührungen und Blicke,
Geschenke, praktische Hilfe oder einfach aufmerk-
sames Zuhören kann man einander vermitteln: Du bist
wichtig und wertvoll.

**Niemals können wir unseren Wert an uns selbst
messen, ihn niemals autark ermitteln.
Was wir wert sind,
muss uns von außen vermittelt werden.**

Dies gilt zum einen für den zwischenmenschlichen Bereich: Hier braucht jeder (!) Anerkennung, Lob, Wertschätzung – einfach positives Feed-back. Die Äußerung eines Kindes bei Tisch, „Mama, ich hab dich
lieb!", der aufrichtige Dank im Restaurant (zusammen
mit einem dicken Trinkgeld), das einfache „Danke"
(verbunden mit ein paar ehrlichen Worten über Höf-

lichkeit, Entgegenkommen oder empfangene Hilfe) ist für Menschen in Dienstleistungsberufen von unschätzbarem Wert. In den letzten Ferien kamen wir (Familie Bauer) abends müde im Ferienhaus an. Koffer mussten geschleppt und ausgepackt werden. Alle waren erschöpft und einfach fertig. Endlich stand das Essen auf dem Tisch. Ich werde nie die Äußerung unserer 14-jährigen Tochter vergessen: „Mama, das Fleisch schmeckt einfach perfekt!" Was meinen Sie, wie das meiner Frau gutgetan hat!

Kurz – unseren Wert bekommen wir von „außen" vermittelt. Wir können ihn nicht in uns selbst erkennen oder erzeugen!

Gottes Vaterliebe befreit uns von Furcht und Unsicherheit

Auch im Geistlichen ist es so: Wir alle hungern danach, einfach angenommen zu sein und dazuzugehören, wir hungern nach Wertschätzung und Liebe – nicht nur im zwischenmenschlichen Bereich, sondern auch in unserer Beziehung zu Gott.

Die gute Neuigkeit zuerst: Gott weiß das und Er möchte uns das alles zukommen lassen. Doch solange wir nicht durch und durch erfüllt sind von Seiner Vaterliebe, bleibt in unserem Herzen ein Schmerz, eine Unruhe bestehen – wir werden dieses Mangelgefühl einfach nicht los. Unsicherheit, Furcht und Minderwertigkeit machen sich in uns breit, wir fühlen uns verwaist. Diese Schwäche schmerzt. Also greifen wir nach einem Schmerzmittel, das dann tatsächlich auch wirkt – für kurze Zeit.

Zum Beispiel entdecken wir, dass wir uns besser fühlen, wenn wir uns über andere erheben, sie herabsetzen.

Wir bekommen einen scharfen Blick für die Schwächen unserer Mitmenschen und werden zum Besserwisser. Irgendwann wird die Welt schon begreifen, was sie an uns hat! Machen wir uns auf diese Weise beliebt und begehrenswert? Im Gegenteil, wir ernten Kritik und reagieren dann mit Zorn auf unsere dumme Umgebung, die unsere Weisheit und Überlegenheit (oder fromm ausgedrückt: unseren geistlichen Durchblick) nicht zu schätzen weiß.

Statt Liebe macht sich immer mehr Druck und Unzufriedenheit breit, oft kommt auch Rastlosigkeit hinzu – und das Hamsterrad dreht sich unermüdlich weiter. So kann ein auf anderen Ebenen entstehendes **Burn-out**-Syndrom sogar noch verstärkt und beschleunigt werden.

Jesus Christus spricht genau dieses Waisenherz an:

Johannes 14,18
Ich will euch nicht als Waisen zurücklassen; ich komme zu euch.

Jesus weiß um diesen Hunger nach Annahme, nach Wertschätzung – und: Wir Menschen sind in den Augen Gottes wertvolle Unikate. Wenn wir Ihn, Jesus, darum bitten, führt Er uns heim in die Arme des liebenden Vaters. Hier wird jeder Mangel an Selbstwert gestillt. Durch Gottes Vaterliebe fließt Wertschätzung und Angenommen-Sein in uns hinein. Der Vater im Himmel spricht uns zu: „Richte deinen Blick nicht auf dich selbst und auf deine Begrenzungen. Stattdessen sieh auf Jesus in dir. Er ist ein starker Held und ein Überwinder." Indem Sie auf Jesus blicken, werden Sie Ihm immer ähnlicher. Mehr und mehr werden Sie sich so sehen, wie Er Sie sieht: als eine liebens-werte Person, die göttliche Fähigkeiten in sich trägt.

Johannes 14,6
Jesus spricht zu ihm: Ich bin der Weg und die Wahrheit und das Leben; niemand kommt zum Vater denn durch mich.

Ein großer Berg von Arbeit alleine wird in der Regel nicht einen **Burn-out** auslösen können. Es sei denn, dieser Berg ist absolut unüberschaubar riesig und muss ohne jegliche Unterbrechung, pausenlos abgetragen werden – und ein Ende dieser Anforderung ist nicht in Sicht. Aber viel Arbeit in Kombination mit der Angst, es nicht zu schaffen, zusammen mit überzogenen Ansprüchen und ohne Aussicht auf Besserung dieses Zustandes auf absehbare Zeit und das alles ohne Wertschätzung und Liebe – diese unheilvolle Mischung aus Isolation, Überforderung und Angst ist der Hauptauslöser von **Burn-out**.

Und nun die biblische Lösung:
Bitten Sie Jesus, mit Ihnen zusammen zum Vater zu gehen. Kommen Sie als geliebte Tochter oder als geliebter Sohn heim ins göttliche Vaterhaus – und erfahren Sie den heilenden Strom von Wertschätzung, die heilende Liebe des Vaters. Auch Sie können das erleben.
Es lohnt sich wirklich, sich einmal in die Person des „Verlorenen Sohnes" hineinzuversetzen. Nehmen Sie sich doch die Zeit und verinnerlichen Sie diese angeblich so gut bekannte Geschichte einmal[29]. Stellen Sie

---

[29] Lukas 15,11-24

sich vor, Sie wären der Vater – wie hätten Sie reagiert? Und nun schlüpfen Sie in die Haut des „verlorenen Sohnes", der auf dem Weg nach Hause ist. Wie fühlte er sich wohl? Und welche Überraschung lässt ihn der Vater erleben?

Das entscheidende Wort der Bibel dazu ist

1. Johannes 4,18-19
Furcht ist nicht in der Liebe, sondern die vollkommene Liebe treibt die Furcht aus; denn die Furcht rechnet mit Strafe. Wer sich aber fürchtet, der ist nicht vollkommen in der Liebe.
Lasst uns lieben, denn er hat uns zuerst geliebt.

Angst und Furcht spielen im Leben sehr vieler Menschen eine weitaus größere Rolle, als die meisten von uns wahrhaben wollen.

Vertrauen
Solange Angst uns beherrscht, kann Glaube kaum Fuß fassen in uns. **Angst fördert Burn-out; Vertrauen in Gott dagegen hilft, Burn-out zu verhindern oder zu überwinden**. Wir lesen in

Hebräer 11,6
Aber ohne Glauben ist's unmöglich, Gott zu gefallen; denn wer zu Gott kommen will, der muss glauben, dass er ist und dass er denen, die ihn suchen, ihren Lohn gibt.

Das bedeutet, dass wir Vertrauen benötigen. Vertrauen zu Jesus, dass Er mit Seiner Macht in uns lebt und seine Hilfszusagen an uns einlöst. Er hat uns zuerst geliebt –

der erste Schritt ist ein Innehalten: Wir geben dem Gedanken Raum, dass dies wahr ist – auch wenn wir damit noch überhaupt keine Erfahrungen gemacht haben und deshalb diese Aussage mit keinerlei Inhalten füllen können. Gott hat uns geliebt, bevor wir irgendetwas unternehmen konnten. Auf diese Aussage über Gott können wir nur ablehnend oder zustimmend reagieren. Sie abzulehnen, nur weil sie (noch) nicht unserer Erfahrung entspricht, wird uns allerdings nicht weiterbringen. Wir können aber auch darauf antworten, dass wir vertrauensvoll zustimmen: „Gott hat mich immer geliebt, und Er liebt mich auch jetzt. Ich will gerne Seine heilende Liebe in mich hineinfließen lassen – ja, ich bitte darum."

Selbst wenn Ihr Glaube noch sehr klein ist und die Probleme um Sie herum riesengroß sind: Beginnen Sie, vielleicht mit letzter Kraft, zu sagen: „Herr Jesus Christus, Du bist in mir, Dein Glaube in mir stärkt mich, danke für Deine Hilfe und Deinen göttlichen Ausweg. Du gehst mit mir durch dieses tiefe Tal[30] und hilfst mir, die Furcht zu überwinden und neu zu glauben, dass du mich liebst. Du gehst mit mir zum Vater. Du hilfst mir, die Furcht zu überwinden. Du erfüllst mich mit der Vaterliebe Gottes und mit Deiner Nähe."

Vom Fluch zum Segen

In diesem Zusammenhang möchten wir noch hinweisen auf ein weiteres Hilfsangebot Gottes, auch ein Gnadengeschenk. Ein Leben in Angst, getrieben von Man-

---

[30] Psalm 23,4

gel und Gefühlen der Wertlosigkeit, das scheint auf manchen Menschen oder auch auf ganzen Familien wie ein unabwendbares Schicksal zu liegen. Man kann auch sagen, sie sind wie unter einem Fluch. Das hört sich jetzt vielleicht schrecklich an, aber es gibt Hoffnung, Gott hat auch hierfür einen Ausweg!

Jesus Christus ist am Kreuz zum Fluch geworden[31], damit wir von jedem Fluch frei werden und unter dem Segen Gottes leben können. In dieser Gewissheit dürfen und können wir beten:

„Herr Jesus Christus, Du bist für mich am Kreuz gestorben. Du hast für alle meine Schuld bezahlt, du hast mir Gerechtigkeit erworben[32]. Jetzt bin ich bei Gott total angenommen und ich bin Sein Kind. Gott sagt zu mir: ‚Mein Kind, alles was mein ist, das gehört auch dir[33].' Weil ich nun ein Sohn oder eine Tochter Gottes bin, habe ich auch Autorität über die dunklen Mächte[34]. So entmachte ich jetzt im Namen Jesu Christi jeden Fluch und auch jeden Geist der Angst und Furcht und Minderwertigkeit, der bisher in meinem Leben wirksam war. Ich zerbreche jeden Stecken des Treibers über mir[35]. Die vor mir liegenden Aufgaben gehe ich jetzt aus der Ruhe Gottes heraus an. In der Kraft meines majestätischen Gottes werde ich sie souverän bewältigen können. Meine Seele und mein Körper samt allen Körperfunktionen befinden sich in der Ruhe und Liebe Gottes des Vaters."

---

[31] Galater 3,13
[32] Römer 3,23,24
[33] Lukas 15,31
[34] Lukas 10,19
[35] Jesaja 9,3

Die zweite Falle:
Stress, Druck, Überforderung, Sorgen

Die zweite Gruppe der Hauptauslöser von **Burn-out**, die wir aus geistlicher Sicht betrachten wollen, sind

- Stress: zu viel Arbeit, zu hohe Erwartungen, Überforderung, dazu wenig Bestätigung, keine Wertschätzung; Einsamkeit oder wenige, vielleicht gar keine Freunde.
- Druck: eine unüberbrückbare Kluft zwischen den an uns gestellten Erwartungen und der zur Verfügung stehenden Zeit, in der die Anforderungen bewältigt werden können.
- Überforderung: Ich fühle mich als Person unfähig, in diesen Herausforderungen zu bestehen, und deshalb bezweifle ich auch, dass ich als Mensch okay bin, ich fühle mich weniger wert als andere.
- Sorgen: Neben der täglichen Arbeit mit ihren Belastungen türmen sich in verschiedenen anderen Lebensbereichen scheinbar unlösbare Probleme auf.

Diese **Burn-out**-Auslöser können einzeln auftreten – oder aber als eine geballte Masse von Überforderung. Die Reaktion darauf ist in der Regel: „Das ist zu viel, das übersteigt meine Möglichkeiten! Wie soll ich das nur bewältigen??"

Als Folge steigt die Produktion der sog. „Stresshormone" – der gesamte Stoffwechsel erhöht seine Drehzahl, womit dann zum einen die schwindenden Kraftreserven immer schneller aufgezehrt werden, andererseits kann man gar nicht mehr richtig zur Ruhe kommen – ein richtiger Teufelskreis.

Wie können wir nun diesem Problemberg *geistlich* gegenübertreten, was sagt das Wort Gottes dazu?

Auch hier ist die entscheidende Frage: Worauf schaue ich?

Sehe ich ausschließlich auf die Berge, auf dieses Gebirge von Arbeit, Problemen und Überforderung?

Oder nehme ich mir immer wieder die Zeit, diesen Dingen bewusst und entschieden den Rücken zuzukehren und mich biblischen Realitäten zu öffnen?

Burn-out geht sehr häufig einher mit zunächst innerer, dann auch äußerer, sozialer Isolation. Hier sehen wir einen weiteren Teufelskreis, den es bewusst zu durchbrechen gilt.

Unser Gott ist ein Gott, der gerne hilft

Wieder finden wir die Lösung in der Bibel. Wenn wir unser Leben der Herrschaft Jesu Christi unterstellt haben, sind wir Teil der Familie Gottes. Damit leben wir in permanenter Beziehung zum Vater, zu Jesus als unserem Freund, Friedefürst, Herrn etc. und zu dem Heiligen Geist, der unser Berater ist – ein Ratgeber und Helfer. Diese Beziehung besteht jedoch nicht nur am Sonntag, sondern besonders auch mitten im schwierigen Umfeld der täglichen Arbeit. Es lohnt sich wirklich, bewusst mitten im größten Chaos Stoßgebete zum Himmel zu schicken – und dann aufmerksam zu sein, wie sie beantwortet werden. Aus meiner Praxis könnte ich (Stephan) etliches an Geschichten erzählen, wo ich überhaupt nicht mehr weiter wusste und im Stillen begann, im Gebet um Rat zu bitten. Ein Beispiel:

Vor vielen Jahren kam einmal eine Mutter mit ihrer zehnjährigen Tochter in die Praxis. Es war ihr erster Besuch bei mir. Das Wartezimmer war voll, aber die Mutter hatte Zeit. Ausführlich wollte sie mir klarmachen, dass die Tochter „sich irgendwie verändert" habe. Als Beleg breitete sie die zunehmend schlampiger geführten Schulhefte vor mir aus – nun, die Handschrift ließ schon eine Veränderung erkennen. Aber was sollte ich tun?

Ich ließ die Mutter reden. Der hilflose und traurige Gesichtsausdruck der Tochter zeigte mir deutlich, dass auch sie selbst darunter litt. Ich hatte keine Ahnung, was da los war und begann, im Stillen um Rat zu beten. Plötzlich, mitten in den mütterlichen Redeschwall hinein, kamen dann „wie aus dem Nichts" aus meinem Munde drei Fragen: „Wann begann es?", „Was war zu diesem Zeitpunkt los?" und „War das schon einmal so?" Die Antworten lauteten:"Vor den Herbstferien", „Fünf Tage Klassenfahrt", „So etwas gab es vorher nicht."

In mir wuchs die unumstößliche, ja regelrecht bedrängende Gewissheit, dass hier irgendetwas vorgefallen sein musste, irgendetwas „unter der Gürtellinie". Ich nahm meinen ganzen Mut zusammen, schickte die Tochter unter fadenscheinigen Gründen ins Labor und teilte der Mutter meine Vermutung mit: „Könnte es sein, dass Ihre Tochter auf dieser Klassenfahrt ein schlimmes Erlebnis gemacht hat, zum Beispiel im sexuellen Bereich?" Die Mutter stand erbost auf, so etwas sei ihr absolut nicht vorstellbar, das Kind lebe in intakten Familienverhältnissen. Nahm ihre Tochter und verließ die Praxis.

Keine halbe Stunde später, ich war im Gespräch mit einem anderen Patienten, brachte eine meiner Mitarbeiterinnen das Telefon zu mir ins Sprechzimmer – am Telefon war die Mutter, die soeben schimpfend meine Praxis verlassen hatte. Sie entschuldigte sich und berichtete, dass sie auf der Heimfahrt ihre Tochter gefragt habe. Auf der Klassenfahrt war sie abends einmal alleine im Schlafraum gewesen, die Zimmergenossinnen waren eben beim Duschen. In dem Moment, als sie nahezu unbekleidet dastand, wurde sie von drei Jungen überrascht und verspottet.

Nun konnte das Mädchen endlich darüber reden, was ihr damals widerfahren war und ihr Verhalten wurde wieder „normal". Kurz: Mitten im Chaos kam mir Hilfe, wie sie konkreter nicht vorstellbar ist.

Die Frage ist, auf was sehen wir?

Die Bibel ist voll von Zusagen göttlicher Hilfe in allen Lebenslagen. Und: Gott ist treu, auf Ihn ist Verlass. Er wacht über Sein Wort[36], um es in unserem Leben zur Erfüllung zu bringen. Das Wort Gottes ist Realität, Gottes Realität – und wir tun gut daran, uns dieser Realität zuzuwenden, sie zu unser eigenen zu machen und Ihm Sein Wort vorzuhalten.

Wir (Christoph und Utta) haben es erlebt, wie Gott uns durch eine dicke Finanzkrise hindurchgetragen hat, in der wir manchmal keinen Ausweg mehr sehen konnten. In dieser Zeit haben wir uns und Ihm immer wieder ein Wort aus den Psalmen vorgehalten:

---

[36] Jeremia 1,12

Psalm 55,23
Wirf dein Anliegen auf den HERRN; der wird dich versorgen und wird den Gerechten in Ewigkeit nicht wanken lassen.

Nach einiger Zeit des Vertrauens (nicht sofort!) kam der Durchbruch. Gerade (aber nicht nur) dann, wenn wir dem Druck und der Überforderung nicht mehr standhalten können, dürfen wir uns den biblischen Tatsachen zuwenden: Gott, unser liebender Vater, lässt uns nicht im Stich. Auch wenn wir nicht mehr weiter wissen, hält Er eine Lösung bereit[37]. Und Er zeigt sie uns sehr gerne!

Jesus, bitte hilf!

Es war Winter. Unser Sohn war sehr krank, und wir mussten mit ihm dringend zum Arzt. Auf der eisglatten Straße kam unser Auto ins Schleudern, es war nicht mehr lenkbar und drohte in den Wald zu schlittern. Den Asphalt hatten wir schon verlassen.

Da rief ich (Christoph) in höchster Not: „Jesus, bitte hilf!" (Das ist ein hochgeistliches, wirksames Gebet.) Im nächsten Augenblick waren wir plötzlich wieder mitten auf unserer Fahrspur und hatten beste Bodenhaftung! Dies war ein übernatürliches Eingreifen Gottes, wie wir es oft erlebt haben. Jesus Christus hat sich uns in unzähligen Situationen als Beistand erwiesen, wir haben immer wieder ganz konkret Seine Hilfe erfahren.

---

[37] 2. Korinther 4,8

Gottes Zusage vor Augen

In 4. Mose 13 und 14 wird beschrieben, wie das Volk Israel in der Wüste vor der ungeheuren Herausforderung stand, das ihnen von Gott verheißene Land einzunehmen. Gott hatte mehrfach zu den Israeliten gesagt: *Ich selbst* werde die Bewohner des Landes vertreiben und euch das von mir zugesagte Land geben. Mose schickte zwölf Kundschafter aus, die nun genau dieses Land durchwanderten. Sie kamen mit sehr unterschiedlichen Meldungen und Einschätzungen zurück.

Zehn von ihnen hatten ausschließlich auf die sichtbaren Umstände geschaut und berichteten nicht gerade angstfrei von ihren Eindrücken: „Das Land ist voller Riesen – wir waren ihnen gegenüber wie Heuschrecken. Die Menschen wohnen in befestigten, uneinnehmbaren Städten."

Innerhalb kürzester Zeit schmolz jede Hoffnung des Volkes auf ein „normales" Leben in Sesshaftigkeit und Ruhe dahin.

Doch zwei der Kundschafter, Josua und Kaleb, hatten die Zusagen Gottes im Gedächtnis behalten und deshalb eine ganz andere Einstellung zu dem, was sie gesehen und gehört hatten. Ihr Bericht hört sich völlig anders an:

4. Mose 13,30
Kaleb aber beschwichtigte das Volk, das gegen Mose murrte, und sprach: Lasst uns hinaufziehen und das Land einnehmen, denn wir können es überwältigen.

Und ein paar Verse später werden die beiden noch deutlicher:

4. Mose 14,9
**Fallt nur nicht ab vom HERRN und fürchtet euch
vor dem Volk dieses Landes nicht, denn wir wollen sie wie Brot auffressen. Es ist ihr Schutz von
ihnen gewichen, der HERR aber ist mit uns.
Fürchtet euch nicht vor ihnen!**

Alles halb so schlimm?

Hiermit ist nicht gesagt, dass das Ganze ein Spaziergang werden würde. Das Entscheidende ist die Blickrichtung – die Frage: Worauf schaue ich? Kaleb und Josua wissen um Gottes Pläne und Absichten mit den Israeliten. Weil sie um Gottes Vorhaben wissen, weil sie wissen, wie Gott sich in dieser Herausforderung positioniert hat, deshalb können sie hier ihrer Gewissheit Ausdruck verleihen: „Wir können …!" Entscheidend für diese Aussage ist hier nicht die Kraft und Fähigkeit der beteiligten Menschen oder die Stärke der Stadtmauern, sondern die Gewissheit, dass die Bewohner besiegbar sind, weil Gott das so zugesagt hat und weil ihr Schutz von ihnen gewichen ist.

Der Fortgang der Geschichte ist fatal, aber höchst lehrreich. Die Israeliten haben sich entschieden, nicht auf Josua und Kaleb zu hören. Die zehn Kundschafter dagegen, die sich ausschließlich von den sichtbaren Dingen haben beeinflussen, beängstigen lassen, finden offene Ohren beim Volk. Sie nehmen das Volk derart in Beschlag, dass dieses völlig irrational folgende Bitte ausstößt:

4. Mose 14,1f
**Da fuhr die ganze Gemeinde auf und schrie, und
das Volk weinte die ganze Nacht.**

Und alle Israeliten murrten gegen Mose und Aaron, und die ganze Gemeinde sprach zu ihnen: Ach dass wir in Ägyptenland gestorben wären oder noch in dieser Wüste stürben!

Warum führt uns der HERR in dies Land, damit wir durchs Schwert fallen und unsere Frauen und unsere Kinder ein Raub werden? Ist's nicht besser, wir ziehen wieder nach Ägypten?

Diese Äußerungen sind eine Reaktion ausschließlich auf die sichtbaren Umstände. Und sie haben dramatische Folgen, Gott nimmt dieses Volk und seine „Wünsche" beim Wort:

4. Mose 14,20f

Und der HERR sprach [zu Mose]: Ich habe vergeben, wie du es erbeten hast.

Aber so wahr ich lebe und alle Welt der Herrlichkeit des HERRN voll werden soll:

Alle die Männer, die meine Herrlichkeit und meine Zeichen gesehen haben, die ich getan habe in Ägypten und in der Wüste, und mich nun zehnmal versucht und meiner Stimme nicht gehorcht haben, von denen soll keiner das Land sehen, das ich ihren Vätern zu geben geschworen habe; auch keiner soll es sehen, der mich gelästert hat.

Nur meinen Knecht Kaleb, weil ein anderer Geist in ihm ist und er mir treu nachgefolgt ist, den will ich in das Land bringen, in das er gekommen ist, und seine Nachkommen sollen es einnehmen, während die Amalekiter und Kanaaniter in der Ebene wohnen bleiben. Morgen wendet euch und zieht in die Wüste auf dem Wege zum Schilfmeer!

Und der HERR redete mit Mose und Aaron und sprach:

Wie lange murrt diese böse Gemeinde gegen mich? Ich habe das Murren der Israeliten, womit sie gegen mich gemurrt haben, gehört.

Darum sprich zu ihnen: So wahr ich lebe, spricht der HERR: *Ich will mit euch tun, wie ihr vor meinen Ohren gesagt habt*[38].

Eure Leiber sollen in dieser Wüste verfallen. Alle, die ihr gezählt seid von zwanzig Jahren an und darüber, die ihr gegen mich gemurrt habt,

wahrlich, ihr sollt nicht in das Land kommen, über das ich meine Hand zum Schwur erhoben habe, euch darin wohnen zu lassen, außer Kaleb, dem Sohn Jefunnes, und Josua, dem Sohn Nuns.

Eure Kinder aber, von denen ihr sagtet: Sie werden ein Raub sein, die will ich hineinbringen, dass sie das Land kennenlernen, das ihr verwerft.

Aber eure eigenen Leiber sollen in dieser Wüste verfallen.

Das Schauen *ausschließlich* auf sichtbare Probleme hat hier tödliche Folgen. Weiter lesen wir dann (Vers 37), dass diese zehn Männer, die das Land in Verruf gebracht hatten, durch eine Plage starben. Damit ernteten sie, was sie gesät hatten[39].

---

[38] Hervorhebung durch den Verfasser.
[39] Galater 6,7

In Übereinstimmung mit Gott und Seinen Aussagen leben

Auch für uns ist es entscheidend wichtig, worauf wir blicken. Wenn wir im Berg unserer Probleme feststecken, erscheinen uns die Verheißungen Gottes manchmal wie eine weitere Überforderung oder gar als oberflächliche „fromme Sprüche". Und ja, es *ist* eine Herausforderung, sich diesen Tatsachen auszusetzen. Aber die Bibel ist voll davon, dass Gott genau dann das Steuer in die Hand nimmt, wenn wir Menschen überhaupt nicht mehr weiterwissen. Somit kann ein **Burn-out** die Chance bieten, völlig neu zu beginnen.

Versuchen Sie doch, mitten in Ihrem momentanen Arbeits- oder Beziehungsdruck, der vielleicht noch mit einem finanziellen Engpass einhergeht, auf Gott und auf Seine Zusagen zu schauen. Drücken Sie auch verbal und hörbar aus, dass Sie sich entscheiden, auf Gott zu vertrauen. Von den Tausenden der Verheißungen Gottes – und das sind Tatsachen – seien hier nur vier angeführt:

Jesaja 59,1
Siehe, des HERRN Arm ist nicht zu kurz, dass er nicht helfen könnte, und seine Ohren sind nicht hart geworden, so dass er nicht hören könnte …

Jesaja 41,10 (GN)
Fürchte dich nicht, ich stehe dir bei! Hab keine Angst, ich bin dein Gott! Ich mache dich stark, ich helfe dir, ich schütze dich mit meiner siegreichen Hand!

1. Petrus 5,7
Alle eure Sorge werft auf ihn; denn er sorgt für euch.

Psalm 55,23
Wirf dein Anliegen auf den HERRN; der wird dich versorgen und wird den Gerechten in Ewigkeit nicht wanken lassen.

Der entscheidende Schritt besteht darin, mitten in den bedrängenden Lebenslagen, ja in jeder Situation nicht gebannt wie das Kaninchen auf die Schlange zu starren – das heißt, nicht ausschließlich auf die sichtbaren Katastrophenszenarien zu schauen. Sondern mehr und mehr und immer wieder sich bewusst zu machen, dass es einen barmherzigen und gnädigen Gott gibt, der lebt und der uns liebt. Er zeigt sich in Seinem Wort immer wieder als der Gott, der sich auch dem einzelnen Menschen zuwendet. Wo Jesus Christus Menschen begegnet, ändert sich die Situation von Grund auf und in menschlich nicht vorstellbarem Ausmaß.

In schwierigen Umständen glauben lernen
Wenn Jesus Christus in uns ist[40] und wir uns das immer wieder vor Augen führen; wenn wir uns danach ausstrecken, das wirklich auch im Alltag zu erfahren, werden Seine Verheißungen in uns Raum gewinnen und uns mehr und mehr positiv beeinflussen und prägen. Gott ist treu – Er lässt seine Kinder nicht im Stich. Seinen Jüngern sagt Jesus ganz klar, und auch wir sollten es uns immer wieder bewusst machen:

---

[40] Kolosser 1,27; Johannes 15,4

Johannes 15,5
Ich bin der Weinstock, ihr seid die Reben. Wer in
mir bleibt und ich in ihm, der bringt viel Frucht;
denn *ohne mich könnt ihr nichts tun*[41].

… und „nichts" bedeutet ganz einfach „nichts". Wenn
Gott etwas sagt, wenn Jesus etwas sagt, dann meint Er
es genau so, da gibt es nichts daran zu deuteln. Dieses
Bibelwort mag zwar ernüchternd und beinahe depri-
mierend klingen – umso gewaltiger wird aber die Aussage des übernächsten Verses. Da sagt Jesus zu Seinen
Jüngern (und wenn wir mit Ihm leben wollen, gilt das
auch uns – denn Gott steht zu Seinem Wort):

Johannes 15,7
Wenn ihr in mir bleibt und meine Worte in euch
bleiben, werdet ihr bitten, was ihr wollt, und es
wird euch widerfahren.

Diese Aussage sprengt unsere Vorstellungskraft! Zum
einen haben wir das so noch nicht oder nur ansatzweise
erlebt, zum anderen klingt das ja einfach zu schön, um
wahr zu sein. Der Der Schlüssel dazu aber ist, ob Jesus
Christus in uns ist und ob wir Seinem Wort mehr vertrauen als den „Tatsachen", die uns umgeben und
scheinbar nicht veränderbar sind. Ihm glauben – das
heißt, vertrauen, dass Er zu Seinem Wort steht.

---

[41] Hervorhebung durch den Verfasser.

Vertrauen

Glauben … was ist das eigentlich? Wenn wir im Alltag sagen, „ich glaube", drücken wir damit in der Regel aus, dass wir nicht absolut sicher sind, dass wir es doch nicht so ganz genau wissen: „Ich glaube, dass die Partei X bei der nächsten Wahl gewinnen wird." Das ist ein Statement des Nichtwissens und der Unsicherheit, eben eine Vermutung.

Die Bibel versteht unter Glauben etwas ganz anderes, nämlich Vertrauen. Auch dazu ein Beispiel: Sie haben sich mit einem Freund verabredet – und der hat sich verspätet. Wenn Sie ihm wirklich vertrauen, weil Sie ihn als zuverlässig kennengelernt haben, werden Sie weiter warten. Er wird kommen. Andernfalls würden Sie schon nach kürzerer Zeit vermuten, er habe die Verabredung vergessen oder nicht ernst gemeint und beschließen deshalb, sich eben alleine einen schönen Abend zu machen. Sehen Sie den Unterschied?

Glauben als Begriff der deutschen Alltagssprache impliziert Unsicherheit und ist ergebnisoffen.

> **Vertrauen dagegen ist zu verstehen als „aktive und passive Treue, als treues Festhalten, als bleibende Herzensbeziehung und Herzensbindung, als Zuverlässigkeit und Wohlgesonnenheit."[42].**

---

[42] Baader, Wortkunde der Bibel, S. 744.

Gewissheit

Vertrauen ist also gekennzeichnet von der Ruhe, die aus der Gewissheit erwächst: Mein Gegenüber (Gott oder Mensch) wird mich nicht enttäuschen. Es mag Ihnen helfen, im Stillen das Wort „Glauben" zunächst einmal durch „Vertrauen" zu ersetzen, bis Sie sich die biblische Bedeutung dieses Wortes verinnerlicht haben.

Wir möchten Sie ermutigen: Wie groß auch Ihre Krise sein mag, setzen Sie Ihr ganzes Vertrauen (vielleicht von Neuem) ungeteilt auf Jesus Christus. Sagen Sie zu Ihm (und zu sich selbst): „Jesus Christus, Du lebst in mir, und mit Dir in mir wird am Ende alles gut werden. Und du Berg von Problemen, hebe dich hinweg und wirf dich ins Meer[43]!"

Das klingt ganz schön abgehoben – und das ist es auch. Aber warum versuchen wir es nicht einmal und verharren Tag für Tag in dieser Position. Es kann spannend werden, wenn es dann im „Gebälk" der Probleme anfängt zu „knarren". Meist genau an den Punkten, die wir absolut nicht im Griff haben oder wo wir am wenigsten mit einer Veränderung zum Guten gerechnet hätten. Aber wenn Gott ans Werk geht, dann wird es spannend – und belebend. Wenn wir es nicht wagen, wird nichts geschehen. Aber wenn wir voll Vertrauen es wagen und der biblischen Perspektive in uns Raum geben, dann werden wir feststellen: „Es funktioniert!"

Dazu ein Beispiel:

Ein Geschäftsmann aus unserem (Christophs und Uttas) Bekanntenkreis stand mit seiner bis dahin florierenden Firma vor einem gewaltigen Geschäftsein-

---

[43] Markus 11,23

bruch und dem drohenden Konkurs. Er bat Gott um Hilfe und sprach immer wieder vor Gott und vor sich selber folgende Sätze aus: „Ich werfe mein Vertrauen (auf Gott) nicht weg, welches eine große Belohnung hat[44]. Und Gott sagt zu mir: Fürchte dich nicht, ich stärke dich, ich helfe dir auch[45]."

Als Ausdruck seines Vertrauens auf Gott sagte er immer wieder auch in Gesprächen mit anderen Menschen: „Es wird am Ende alles gut ausgehen." Es kam zwar zu einigen größeren Verlusten, doch am Ende ergab sich eine für alle Beteiligten befriedigende Lösung, die besser war, als man erwartet hatte.

Die dritte Falle:
Selbstablehnung, Selbsthass, Selbstmitleid

Wenn wir als Kind nicht genügend väterliche Wertschätzung, Annahme und Liebe aufgenommen haben, dann fehlen uns Sicherheit und Stabilität. Dann ist es nur ein kleiner Schritt, dass uns in einer Krise eine innere Stimme sagt: „Du bist sowieso nichts wert. Du schaffst das ja doch nicht. So, wie du bist, kannst du gar keinen Erfolg haben." Sind das Gottes Gedanken über uns? Sie wissen es schon: Nein. Gott hat nur gute Gedanken über uns. Dies sind Lügen aus des Teufels Werkstatt, die er uns als Wahrheit verkaufen will. Wenn wir uns sowieso gerade unterlegen fühlen, geschieht es leicht, dass wir dieser Stimme Glauben

---

[44] Hebräer 10,35
[45] Jesaja 41,10.14

schenken. Und dann beginnt ein Teufelskreis mit noch mehr Selbstablehnung, ja Selbsthass und Selbstmitleid. Dies alles lähmt Willen, Verstand und Gefühl – also unsere Seele.

Körperliche Auswirkungen

Dauert dieser Zustand an, können daraus auch organische Erkrankungen entstehen. Es gibt in der Medizin eine Fülle von Autoimmunerkrankungen, auch „Autoaggressionserkrankungen" genannt. Allen diesen Erkrankungen, für die man keine organischen Ursachen finden kann und die medizinisch nicht heilbar sind, ist eines gemeinsam: Das Immunsystem weiß nicht mehr, wer „Freund" und wer „Feind" ist und bekämpft körpereigene Strukturen als „feindlich". Hier mag es gewisse familiäre Veranlagungen geben, aber eine überwältigende Anzahl von Patienten mit derartigen Erkrankungen antwortet auf die Frage: „Leben oder lebten Sie *dauerhaft in ungelösten Konfliktsituationen*?" mit einem „Ja".

Diese im persönlichen Leben erfahrene Geringschätzung, die häufig jahrelang erlebt, ja erlitten wird, ist für uns Menschen schlichtweg zerstörerisch. Diese Erniedrigung macht uns Beziehungswesen krank und raubt uns Leben.

Das Evangelium bringt uns auch hierfür gute Nachricht. Die Kernaussage des Neuen Testamentes ist ja, dass Jesus Christus am Kreuz für unsere Sünde und unsere Schuld gestorben ist. Am Kreuz hat ein Tausch stattgefunden: Wir Menschen haben den Tod verdient – Jesus hat ihn für uns erlitten. Er wäre aufgrund seiner Sündlosigkeit berechtigt gewesen, ewig zu leben – aber Er ist für uns gestorben und wieder auferstanden, damit wir vor Gott gerecht sein und ewiges Leben haben können.

Als Er stellvertretend für uns am Kreuz starb, nahm Er auch alle unsere Schwächen, alle menschliche Ablehnung und Verachtung mit ans Kreuz:

Jesaja 53,3
Er war der Allerverachtetste und Unwerteste, voller Schmerzen und Krankheit. Er war so verachtet, dass man das Angesicht vor ihm verbarg; darum haben wir ihn für nichts geachtet.

Auch hier eröffnet Jesus die Möglichkeit eines Tausches: Ablehnung gegen Wertschätzung. Genauso, wie wir Ihm unsere Schuld bekennen, gilt es, Ihm all die Ablehnung zu bringen, die wir im Lauf unseres Lebens erfahren mussten. Und durch Jesus haben wir freien Zugang zum Vater und zur Vaterliebe Gottes. Was bedeutet das für uns?

Gott, unser guter Vater

Gerade in Lebenssituationen eines **Burn-out**s, in denen wir spüren, dass die Anforderungen unsere eigenen Kapazitäten hoffnungslos übersteigen, werden wir der unliebsamen Wahrheit gewahr, dass wir alleine es nie schaffen. All unsere Versuche, uns „am eigenen Schopf aus dem Sumpf zu ziehen", bringen uns eher noch schneller an unsere körperlichen, seelischen und geistlichen Grenzen – und das tut weh. Der Akku ist leer – aber wo ist die „Steckdose", wo wir neue Lebenskraft beziehen können?

In der Bibel offenbart sich Gott nicht nur im Neuen Testament als „Vater". Er ist dieser allmächtige, unübertroffen geniale Schöpfer. Er ist der „Herr der Heerscharen". – Er ist aber auch Vater.

Bevor wir hier tiefer einsteigen, lassen Sie uns ein wenig innehalten und nachsinnen, vielleicht auch träumen, was eigentlich einen richtig guten Vater ausmacht. Vielleicht müssen wir uns dafür zuerst einmal vom „Zeitgeist" lösen und auch von unserer eigenen Erfahrungswelt. Wir sollten nicht unsere vielleicht falschen Vaterbilder unreflektiert auf Gott übertragen. Gerade wir Deutschen haben in der Geschichte mit Vaterfiguren wirklich traumatische Erfahrungen gemacht. Dies darzulegen und aufzuarbeiten würde den Rahmen dieses Büchleins sprengen, dazu gibt es bereits hervorragende Arbeiten[46]. Vielmehr geht es darum, sich bewusst zu machen, wie Gott selbst sich als Vater erweist und sich uns in Seinem Wort offenbart.

Was gehört zu einer gesunden Vater-Kind-Beziehung?

1) Ein Papa ist **Zuflucht**, er gewährt **Schutz**. Ein Vater hat uneingeschränkte Macht über seine Kinder – das ist Fakt. Die Negativseite dieser Tatsache erklärt auch die schrecklichen Übergriffe von Vätern (Eltern) auf ihre Kinder. Die Allmacht des Vaters über seine Kinder ist aber ein wichtiger Bestandteil dieser Beziehung. Ein schwacher Vater ist kein guter, kein richtiger Vater. Und: Ein guter Vater flößt seinen Kindern keine Angst ein. Er ist *keine* angsteinflößende, undurchschaubare,

---

[46] Buchempfehlung: Geri Keller, Vater; Matthias Hoffmann, Freundschaft mit ABBA Vater – siehe Bücherliste im Anhang.

anonyme Gestalt, sondern seine Kinder kennen ihn, er hat ihr Vertrauen gerechtfertigt und dieses nimmt stetig zu.

In gleichem Atemzug mit dieser Tatsache der väterlichen Stärke und Macht ist zu nennen:

2) Ein Vater ist **uneingeschränkt wohlwollend** gegenüber seinen Kindern – er lebt dafür, dass es diesen Kindern gut geht. Das soll nicht heißen, dass er die Funktion eines „Weihnachtsmannes" hat und sich dafür hergibt, jeden spontanen Wunsch der Kinder umgehend und umfassend zu erfüllen. Vielmehr will der Vater seinen Kindern eine Entwicklung ermöglichen, die sie stabil, gesund, selbstbewusst (das ist nicht gleich selbstherrlich-egoistisch!) und geliebt aufwachsen lässt, so dass sie zu reifen, liebevollen und rundum gesunden Erwachsenen werden. Warum? Weil ein guter Vater seine Kinder liebt. Dieses Wohlwollen muss zu der oben besprochenen Allmacht kommen, diese Kombination ist das Hauptcharakteristikum von Vaterschaft. Kinder sollten es spüren und sich dessen unumstößlich gewiss sein: „Mein Vater meint es gut mit mir!"

3) In der Beziehung eines menschlichen Vaters zu seinem Kind **hat alles seine Zeit.** Es gibt Zeiten, wo unter herzlichem Körperkontakt[47] unbeschwert lachend geschmust und getobt wird. Es gibt Zeiten, da werden Vater und Kind zusammen arbeiten. Schularbeiten, Klavierunterricht, das Einmaleins oder die Vokabeln, der Garten, die väterliche Heimwerkstatt können dafür Schauplätze sein. Und es gibt Zeiten, in denen der Vater seinen Sprössling korrigieren muss. Alles hat seine

---

[47] Körperkontakt ist die stärkste nonverbale Möglichkeit, Wertschätzung zu vermitteln!

Zeit. Das dürfen wir uns auch bewusst machen, wenn wir über unseren himmlischen Vater nachdenken. Auch bei Ihm gibt es Zeiten, wo wir einfach in Seinem Wort, Seiner Gegenwart „baden" dürfen. Es gibt Zeiten, wo Er in unserem Büro, im Klassenzimmer, der LKW-Fahrerkabine oder wo auch immer „mit uns arbeiten" will – und es gibt Zeiten, wo wir innewerden, dass wir Kinder uns vergaloppiert haben … und auch als Erwachsene benötigen wir mitunter Korrektur – oder Sie etwa nicht?

4) Der Vater hat einen völlig anderen **Erfahrungs- und Lebens-Horizont** als seine Kinder. Ein Vierjähriger lebt (und leidet) in den Dimensionen von Bauklötzen, Spielzeugautos oder zwischenkindlichen Konflikten: Im Kindergarten hat ihm jemand die Trinkflasche umgestoßen. Einer Schülerin können Probleme im Schulbus das Leben versauern, eine Mitschülerin demonstriert ihre Markenhosen und eine andere darf Reitstunden haben. Sie alle finden in dem Gegenüber des allmächtigen, wohlgesonnenen Vaters Ruhe und ein väterliches „Herausheben aus den gedanklichen Engen": Sie lernen beim Vater, dass ihr Wert nicht abhängig ist von der Hosenmarke oder der umgekippten Trinkflasche. Vaterschaft bedeutet hier, bei Papa auf dem Schoß sitzen und dort die Probleme loswerden zu können. Und dann ist der Vater *da,* er vermittelt allein durch sein Da-Sein, durch den Körperkontakt[48], Wertschätzung und bringt die Kleinen auf völlig andere Gedanken.

---

[48] Dieser Aspekt ist immens wichtig – hier spielt gewiss auch Zeit eine Rolle! Das Kind füllt seinen Liebestank wieder auf.

Gott – unser Vater?

Wenn wir von Gott als Vater reden, sollten wir reflektieren, was wir mit dem Begriff „Vater" verbinden. Hatten wir mit unserem Vater traumatische Erlebnisse? Kommt bei dem Begriff „Vater" in uns als erstes wieder dieser Schmerz hoch, weil wir von unserem irdischen Vater verlassen, misshandelt, gedrillt, beschimpft oder ignoriert wurden? Weil er vielleicht nie da war, wenn wir ihn brauchten? Weil er uns nur Liebe zeigte, wenn wir das in seinen Augen verdient hatten? Auch dies ist ein großer Schmerz für eine Kinderseele, der nicht einfach so verheilt. Er vernarbt nur mehr schlecht als recht, um später im Leben umso schmerzhafter wieder aufzureißen.

Aber – Gott unser Vater ist **ganz anders**!

Wenn Sie merken, dass das Wort „Vater" in Ihnen Unruhe, Schmerz, Unsicherheit oder gar Ablehnung und Hass hervorruft, lesen Sie bitte die vorangegangenen Ausführungen zu guter Vaterschaft nochmals sorgfältig durch und machen Sie sich bewusst: *Gott ist der Vater, den Sie sich immer gewünscht haben!* Es gibt viele gute Bücher zu diesem Thema, z. B. „Vater" von Geri Keller[49].

Vor einigen Jahren lernte ich (Stephan) auf einer Reise einen international tätigen Insolvenzverwalter kennen. Ein kleiner, vitaler, sympathischer Zeitgenosse, der seine Firma genial organisiert hatte. In nahezu jedem dritten Satz kam die Wendung „Mein himmlischer Papa macht" – diese Kombination von großem Gottvertrauen und eigenem Fleiß war faszinierend. Es tut wirklich gut und man erlebt ein Stück „heile Welt", wenn er von sich und seiner Arbeit erzählt.

---

[49] Siehe Bücherliste im Anhang.

Gerecht vor Gott – die Beziehung ist wiederhergestellt

Durch Jesus können wir also wieder Gott als unseren guten Vater erleben, nach dem wir uns immer gesehnt haben. Einen weiteren Aspekt dieses Tauschs am Kreuz finden wir in

2. Korinther 5,21
Denn er hat den, der von keiner Sünde wusste, für uns zur Sünde gemacht, damit wir in ihm die Gerechtigkeit würden, die vor Gott gilt.

Was bedeutet diese „Gerechtigkeit"? Wir denken zunächst einmal an „juristisch korrekte Gleichbehandlung". Ob mit einem neuen Mercedes oder einem rostenden Kleinwagen: Das Bußgeld für Falschparken ist für jeden gleich hoch – das ist gerecht.
Wenn unser Gott ein gerechter Gott ist, dann ist damit aber *nicht* gemeint, dass Er Menschen nach einem juristisch unanfechtbar ausgefeilten Verhaltenskodex aburteilt.

Die Gerechtigkeit Gottes dagegen besteht darin, dass Gott von sich aus alles gibt und unternimmt, um mit seinen Menschen in einer intakten Beziehung, einem heilen Verhältnis zu leben.

Wenn wir in Jesus Christus „die Gerechtigkeit Gottes" geworden sind (Luther hat es so übersetzt: die Gerechtigkeit, die vor Gott gilt), dann sind wir für Gott angenehm, Er „kann uns riechen", „die Chemie stimmt" – und wir fühlen uns von Gott geliebt und angenommen.

Kommen wir zurück zu Ablehnung und dem nagenden Gefühl, weniger wert zu sein als andere. Wenn wir (!) in Jesus zur „Gerechtigkeit Gottes" werden[50], wenn Jesus für uns eine heile, intakte Beziehung zum Vater erworben hat, dann ist das doch unendlich stärker als die zwischenmenschliche Ablehnung, die wir erfahren haben. Jesus Christus hat dies am Kreuz erwirkt, es muss „nur noch" in unsere Herzen hineinkommen. Und wenn es dort Wurzel schlägt und sich ausbreitet, müssen Selbstablehnung und Selbsthass weichen.

Gottes Gerechtigkeit

Lassen Sie uns etwas detaillierter aufzählen, was es heißt, vor Gott gerecht oder „die Gerechtigkeit Gottes" zu sein.

Tatsche ist, dass Jesus Christus *alle* meine Schuld und *alle* meine Sünde auf Sich nahm. Damit hat Er mich ohne Verdienst, aus Gnade gerecht gemacht. Das heißt:

- Ich bin völlig angenommen, so wie ich bin.
- Gott bestätigt mich als sein geliebtes Kind, ich bin ein Unikat und wertvoll.
- Jesu Charakter und Sein Wesen nehmen in mir mehr und mehr zu.
- Ich erfahre gesunde Selbstbestätigung. Ich fühle, dass ich einen Wert habe, ohne mir dies erst erarbeiten zu müssen.
- Ich bin vollkommen in den Augen meines Vaters, weil Jesus Christus in Seiner Vollkommenheit in mir lebt.

---

[50] 2. Korinther 5,21

- Gottes Frieden[51] und echte Zufriedenheit ziehen in mein Leben ein.
- Ich bin kein Nobody, sondern als Jünger Jesu bin ich mit Kraft und Autorität ausgestattet.
- In mir ist Gottes väterlich-mütterliches Wesen.
- Ich lebe in einer Liebesbeziehung zu Ihm – Er liebt mich und ich liebe Ihn – und das prägt meinen Lebensstil.
- Ich erfahre, dass ich glücklich sein kann, weil ich Gottes Hilfe und Seine Gnadengeschenke genießen kann.
- Ich weiß, dass Gott mich für ewig angenommen hat. Und einmal wird Er alle meine Tränen abwischen und aller Schmerz wird ein Ende haben.
- Meinen Wert erkenne ich daran, dass mich Gott durch Jesus Christus angenommen hat.
- Gottes Liebe zu mir gibt mir die Bestätigung, die ich brauche.
- Immer wieder nehme ich in mich auf, wie sehr Gott mich schätzt, wie viel ich Ihm wert bin. Das belebt mich.
- Wenn ich meine Sünden bekenne und Gott um Vergebung bitte, vergibt Er mir und ich fühle mich erleichtert.
- Meine Identität ist in Jesus Christus – ich definiere mich nicht mehr über mein Tun.
- Ich wachse mehr und mehr in meine Bestimmung hinein, das heißt, ich darf das tun und ausleben, was Gott in mich hineingelegt hat, was Er für mich geplant hat. Gott öffnet mir Türen und es macht mir Freude, mit meinen Talenten zu wuchern.

---

[51] Philipper 4,7

- Jesus ist mein Bündnispartner – meine Probleme sind Seine Probleme, Seine Lösungen sind meine Lösungen.

Die Liste kann fortgesetzt werden.

Keine falsche Zurückhaltung!

Die Tatsache der Gerechtigkeit Gottes in dieser Bedeutung ist so grandios, dass jeder Mensch Zeit braucht, um sich all das Gute zu eigen zu machen. Aber wir dürfen es einfach annehmen, um dann zu erfahren, dass Er mit uns ein neues Kapitel aufschlägt.

So entsteht in uns die Sicherheit, anstatt selbstzerstörerisch die Lüge zu glauben, dass wir nichts wert seien, nun all das Gute anzunehmen, das Gott für uns bereithält.

Könnte es sein, dass die so höflichen und bescheidenen westlichen Christen in diesem Punkt wirklich ein Problem haben?

Der Apostel Paulus nahm diese Gerechtigkeit für sich an – in ihrer gesamten Unermesslichkeit.

Es ist eine Herausforderung, diese Gerechtigkeit zu bejahen, zu ergreifen und darin zu leben. Aber dazu sind wir doch geschaffen – um uns beschenken zu lassen und in heilen Beziehungen zu leben. Unser liebender Gott befähigt uns, in Jesus Christus auch Ihn über alles zu lieben und unseren Nächsten wie uns selbst.

Gott hat einen Plan für alle Seine Menschen, aber Selbstverdammnis oder gar Selbsthass kommen darin nicht vor.

Die vierte Falle: Ärger, Wut und Zorn, Anklage, Schuldzuweisungen und Bitterkeit, Verzweiflung und Resignation

Lange bevor ein **Burn-out** als solches voll durchschlägt und – endlich – diagnostiziert wird, werden unsere Gedanken und Haltungen immer mehr von negativen Dynamiken durchdrungen. In uns wachsen Ärger, Anklage und Bitterkeit. Wir schieben anderen die Schuld zu an unserem Ergehen und wir lassen uns selbst die Schuld an allem Möglichen in die Schuhe schieben – eine weit offene Tür für Verzweiflung und Resignation!

Unsere Zuversicht, unsere Stimmung – ja das ganze Lebensgefühl sinkt, ja geht in einen Sturzflug über. Lebensfreude oder Freude am Glaubens- und Liebesleben wird zum Fremdwort.

Wie konnte es nur so weit kommen? Welche Warnsignale haben wir ignoriert?

Warnsignale

Gott hat uns „auf eine erstaunliche, ausgezeichnete Weise gemacht"[52]. Und Er möchte, dass es uns gut geht und dass unser Leben gelingt. Deshalb hat Er uns den wöchentlichen Ruhetag geboten – aber Er hat uns auch ausgestattet mit einer Art Alarmanlage. So verschieden und doch einander ähnlich wie die Menschen sind auch ihre Warnsysteme. Ein **Burn-out** fällt nicht einfach vom Himmel, es entsteht nach und nach – und

---

[52] Psalm 139,14

wir Menschen haben jederzeit die Möglichkeit, die Weichen anders zu stellen. **Burn-out** muss nicht sein.

Warnsignal Eins: Zorn

In „Nein sagen ohne Schuldgefühle" schreiben Cloud/ Townsend: „Emotionen oder Gefühle haben eine Funktion. Sie sagen uns etwas. Sie sind ein Signal. ... Zorn ist ein Signal dafür, dass wir vorwärts gehen sollten, um der Bedrohung ins Auge zu sehen. ... Zorn sagt uns, dass unsere Grenzen verletzt worden sind. ... Er gibt uns die Energie, uns selbst, unsere Lieben und unsere Prinzipien zu schützen. ... [Aber] Zorn hat ... keinen Zeitbegriff. Zorn verschwindet nicht automatisch, sobald die Gefahr vorüber ist – egal, ob es sich um zwei Minuten oder um zwanzig Jahre handelt! Er muss entsprechend verarbeitet werden. Sonst lebt der Zorn einfach im Herzen weiter."[53] Und dann wird der Zorn zur zerstörerischen Kraft. Je nach Veranlagung werden wir reizbar und jähzornig, oder der „chronisch" gewordene Zorn zerstört uns selbst.

Und es wird zum Dauerzustand, dass wir ausgenutzt werden, wenn wir es einfach zulassen, dass wir über unsere Grenzen hinaus überlastet werden. Das heißt jetzt *nicht*, dass man „auf Hundertachtzig" die besten Verhandlungsergebnisse erzielt. Handeln Sie nicht im Affekt, aber nehmen Sie das Signal Ihres Zornes ernst, und zwar *rechtzeitig*. Sagen Sie *Nein* zu Grenzüberschreitungen – möglichst in aller Ruhe und mit einem freundlichen Lächeln. Das ist auch für Christen legitim. Das heißt, eigentlich haben Sie als Christen ja die

---

[53] Cloud/Townsend, Nein sagen ohne Schuldgefühle, Hänssler 2008, S. 114.

besten Voraussetzungen dafür: Gott, Ihr Vater, steht hinter Ihnen und stärkt Ihnen den Rücken.

Ganz abgesehen davon: Wir sind vor Gott für unser Leben verantwortlich. Wenn wir es zulassen, dass wir ausgenutzt und dauerhaft über unsere Grenzen hinaus belastet werden, könnte es durchaus sein, dass wir unseren gottgegebenen Lebensauftrag nicht vollständig ausführen können.

Viele Christen haben von Kind auf gehört, dass Zorn Sünde sei und man sich deshalb seines Zornes schämen sollte. Ist das richtig? – Selbst in den Gleichnissen Jesu lesen wir, dass Gott mitunter zornig wird und daraufhin handelt[54] – indem er einschreitet gegen Ungerechtigkeit.

Warnsignal Zwei: Arbeitsunlust

Als Kinder unterhielten wir einander mit dem Dialog: „Was machst du, wenn dich die Arbeitswut packt?" „Ich setze mich in eine Ecke und warte, bis sie vergeht!" Solchen Zeitgenossen wird es wohl kaum widerfahren, dass sie in einen Burn-out geraten; diese Art von Arbeitsunlust ist hier sicher nicht gemeint!

Wer aber grundsätzlich Freude hat am Arbeiten (und das ist durchaus erstrebenswert!), kennt vielleicht dieses Gefühl kurz vor Ende eines Arbeitstages, einer Arbeitswoche: „Jetzt reicht's mir! Schluss, aus, fertig, Feierabend! Ich mag nicht mehr! Den Rest lasse ich grade liegen!" Selbst zu sonst geliebten Tätigkeiten hat man dann einfach keine Lust mehr. Man wundert sich über sich selbst – und zwingt sich dann vielleicht doch noch dazu. Tag für Tag, Woche für Woche.

---

[54] Matthäus 18,34; Matthäus 22,7; Lukas 14,21

Vielleicht hat man in der Kindheit gelernt, etwas durchzuziehen, mit Ausdauer einen Auftrag fertigzustellen: „Erst die Arbeit, dann das Vergnügen" – aber wenn das Leben nur noch aus Arbeit besteht, dann liegt etwas schief. Wenn Hänschen nicht gelernt hat, Pausen zu machen (und richtig zu gestalten), kann Hans es immer noch lernen. Hoffentlich *bevor* er im **Burn-out** landet! Eine wichtige Pause ist der wöchentliche Ruhetag, aber eine ruhige Mittagspause (vielleicht mit einem Nickerchen), die bewusst genossene Heimfahrt am Abend (samt der Wartezeit an der roten Ampel), ein Stoßseufzer im Arbeitsalltag und der sinnvoll gestaltete Jahresurlaub gehören genauso dazu. Und wie verbringen wir den „Feierabend"? Wie viele Abende sind mit festen Terminen belegt? Mit Terminen in der Gemeinde vielleicht?

Wenn sonst leistungsfreudige Menschen Arbeitsunlust verspüren, sollten sie darauf eingehen und lernen, Nein zu sagen. So bleibt die Leistungsfähigkeit lange erhalten – ihnen selbst und ihrer Umgebung. Auch hier gilt: Grenzenlose Leistungsbereitschaft ist zerstörerisch. Nibelungentreue auch, „Durchhalten bis zum letzten Mann" nützt keinem.

Warnsignal Drei:
Nah am Wasser
Gott sei Dank für Tränen! Das mag sich sarkastisch anhören, doch wenn man einmal miterlebt hat, wie jemand nach Jahrzehnten wieder weinen konnte, wird man wirklich dankbar für dieses Ventil.

Schon für unseren Körper ist es wohltuend zu weinen und mit den Tränen auch manches andere auszuscheiden: Beim Weinen lässt der Druck nach und auch

Schmerz wird mit den Tränen herausgespült. Für einen Moment kann man nicht mehr alles genau sehen, und auch das ist vielleicht gar nicht so verkehrt; hinterher fühlt man sich oft leichter.

Beim Weinen kommen unsere Emotionen zum Zug, wir werden echt, *können* uns gar nicht mehr verstellen. Nicht nur Lidschatten und Rouge, auch all unsere anderen Masken müssen vor unseren Tränen weichen. In diesen Momenten erleben wir oft auch Befreiung. Es ist eine Wohltat, in einem geschützten Rahmen wahr werden zu können. Und dass unser Aussehen danach nicht sofort wieder „salonfähig" ist, was macht's? Ein ruhiger Abend wird uns guttun.

Allerdings: Nicht jede Träne ist ein Vorbote des **Burn-out**-Syndroms! Es gibt viele andere Gründe zu weinen – der bekannteste Grund wird Trauer sein. Aber wenn das Weinen dem Gefühl der Überforderung und der Erschöpfung entspringt, verdanken wir es wahrscheinlich unserer von Gott eingebauten Alarmanlage und sollten es nicht mit Alltagsdrogen, Medikamenten oder mehr oder weniger frommen Durchhalteparolen unterdrücken. Ein Tipp: Meistens hat das Weinen mit den Gedanken unmittelbar vorher zu tun …

Eine Frau im mittleren Alter schreibt:

> „Ich habe vor Jahren gelernt, auf meinen Ruhetag zu achten. In mir ist etwas, das kann nur auf sieben zählen: Nach sechs Arbeitstagen brauche ich einen Ruhetag, dann bin ich bereit für eine neue Arbeitswoche. An diesem Tag ‚muss' ich nichts, ich brauche auch keinen Wecker.
>
> Wenn ich allerdings aus irgendwelchen Gründen ‚überzogen' habe und sieben oder noch mehr Tage

am Stück arbeiten musste, habe ich am Ende des Ruhetages das Gefühl: Es reicht noch nicht, ich will noch einen Tag haben!

Auch ohnedies würde ich immer darauf achten, meinen Ruhetag einzuhalten; tue ich es nicht, brennt bei mir die Sicherung durch und ich heule beim kleinsten Problem los. Und das ist mir peinlich, darauf will ich es wirklich nicht ankommen lassen!

Wenn es wirklich einmal nicht anders geht und ich mehr als sechs Tage hintereinander arbeiten muss, achte ich darauf, sehr ruhige Abende zu haben und möglichst einen halben freien Tag dazwischen. Ich habe aber auch schon erlebt, dass eine Veranstaltung mit einem Dutzend auswärtiger Gäste kurzfristig verschoben wurde – ich hatte gebetet, dass ich keine sieben Tage am Stück arbeiten müsste, und Gott hat das ernst genommen.

Ich bin Gott dankbar für diese Sicherung, die mich zu einem bekömmlichen Lebensstil erzogen hat."

Warnsignal Vier:
So gut wie ich macht das doch keiner

Keiner ist unersetzlich – mancher lernt das erst, wenn er im „Burn-out" alle Kraft verloren hat. Auch das muss nicht sein. Der Menschheit und ihm selbst wäre sicher mehr geholfen, wenn solch ein Unentbehrlicher lernen würde (lernen dürfte), seine Erfahrungen weiterzugeben, andere mit Weisheit und Geduld zu trainieren – und zu delegieren. Auf gut Deutsch heißt das: Loslassen!

Burn-out fährt in die Knochen

Ob der berühmte, erfolgreiche, verwöhnte, weise

Schriftsteller und König Salomo auch schon mit **Burn-out** zu kämpfen hatte?

Sprüche 17,22a
Ein fröhliches Herz tut dem Leibe wohl; aber ein betrübtes Gemüt lässt das Gebein verdorren.

Hinter diesen bildhaften Worten verbirgt sich ein tieferer Sinn: In unserem Gebein, unseren Knochen befindet sich das Knochenmark, in dem die Blutzellen gebildet werden. Zum einen ist Blut Träger des Lebens. Und: Die weißen Blutzellen sind verantwortlich für die Immunabwehr des Körpers. „Vertrocknen" die Gebeine, werden wir schwach gegenüber allen äußeren Einflüssen – nicht nur unser Immunsystem funktioniert dann nicht mehr richtig.

In Verbindung mit negativen Gedanken und Einstellungen entsteht hier ein Teufelskreis. Seele und Geist werden immer weiter geschwächt und so öffnen sich die Tore weit für zusätzliche negative Einflüsse – diese können nun ungehindert einströmen. Ein **Burn-out** ist nun nahezu vorprogrammiert. Zu viel Negatives hat von unserem Inneren Besitz ergriffen.

Wir werden immer ärgerlicher und empfindlicher gegenüber anderen, aber auch gegen uns selbst. Meist haben wir zunächst nur ein gering ausgeprägtes Schuldbewusstsein und sind mehr auf die Fehler unserer Mitmenschen fixiert. Oder aber wir beziehen alles Negative auf uns und versinken so hilflos in Selbstanklage und Resignation. Aber wenn wir ehrlich sind, müssen wir zugeben, dass weder das eine noch das andere uns auch nur einen einzigen Schritt vorwärts bringt. Die Spirale wird immer enger und dreht sich immer weiter nach unten. Am Ende sehen wir keinen Ausweg mehr – und beginnen vielleicht zu überlegen, wie wir dieses Leben beenden könnten.

Beenden? Wirklich? Versuchen Sie es doch zunächst einmal mit der Pause-Taste: Sie haben gemerkt, dass Sie einfach nicht mehr so weitermachen können. Dem Dilemma ist einfach nicht zu entkommen – auch nicht durch eine noch höhere Drehzahl und verstärkte eigene Anstrengung. Innehalten. Vielleicht nehmen Sie sich etwas Zeit – am besten gleich einen halben Tag – und bitten Sie den Heiligen Geist um Seine Hilfe und Seinen Rat für Ihre spezifische Situation. Kommen Sie vor Gott zur Ruhe – darüber später mehr.

Groll, Schuldzuweisungen, Bitterkeit, Anklage und Selbstanklage wirken immer zerstörerisch – sowohl für die Menschen um mich herum als auch für mich selbst. Diese sündhaften Haltungen, denen wir in uns Wohnrecht gewähren, sind der Entstehung und Entwicklung eines **Burn-out** sehr förderlich. Aber mit Gottes Hilfe können wir sie als Schuld bekennen und Vergebung und Befreiung empfangen – und dann auch die loslassen, die an uns schuldig geworden sind.

Die göttliche Lösung: Vergebung!

In Matthäus 18 zeigt uns Jesus wichtige Zusammenhänge zum Thema Vergebung.

Matthäus 18,23-35 (GNB)
Jesus fuhr fort: „Macht euch klar, was es bedeutet, dass Gott angefangen hat, seine Herrschaft aufzurichten! Er handelt dabei wie jener König,

der mit den Verwaltern seiner Güter abrechnen wollte.

Gleich zu Beginn brachte man ihm einen Mann, der ihm einen Millionenbetrag schuldete. Da er nicht zahlen konnte, befahl der Herr, ihn zu verkaufen, auch seine Frau und seine Kinder und seinen ganzen Besitz, und den Erlös für die Tilgung der Schulden zu verwenden. Aber der Schuldner warf sich vor ihm nieder und bat: ‚Hab doch Geduld mit mir! Ich will dir ja alles zurückzahlen.‘ Da bekam der Herr Mitleid; er gab ihn frei und erließ ihm auch noch die ganze Schuld.

Kaum draußen, traf dieser Mann auf einen Kollegen, der ihm einen geringen Betrag schuldete. Den packte er an der Kehle, würgte ihn und sagte: ‚Gib zurück, was du mir schuldest!‘ Der Schuldner fiel auf die Knie und bettelte: ‚Hab Geduld mit mir! Ich will es dir ja zurückgeben!‘ Aber sein Gläubiger wollte nichts davon hören, sondern ließ ihn ins Gefängnis werfen, bis er die Schuld beglichen hätte.

Als das seine anderen Kollegen sahen, konnten sie es nicht fassen. Sie liefen zu ihrem Herrn und erzählten ihm, was geschehen war. Er ließ den Mann kommen und sagte: ‚Was bist du für ein böser Mensch! Ich habe dir die ganze Schuld erlassen, weil du mich darum gebeten hast. Hättest du nicht auch Erbarmen haben können mit deinem Kollegen, so wie ich es mit dir gehabt habe?‘ Dann übergab er ihn voller Zorn den Folterknechten zur Bestrafung, bis er die ganze Schuld zurückgezahlt haben würde.

So wird euch mein Vater im Himmel auch behandeln, wenn ihr eurem Bruder oder eurer Schwester nicht von Herzen verzeiht."

Dem Mann wird eine Millionenschuld erlassen, sofort und bedingungslos. Als er aber auf den Kollegen trifft, dem er vielleicht einen Hunderter gepumpt hatte, wird deutlich, dass er den Schulderlass gar nicht wirklich angenommen hat. Er beginnt zu rechnen: Hätte der mir damals das Geld zurückgegeben, dann wäre ich nie in dieses Schuldenloch geraten … *der ist schuld!*
Jesus sagt hier eindeutig, dass Gottes Vergebung ihre Gültigkeit verliert, wenn wir selbst den anderen die Vergebung verweigern.
Ein anderer interessanter Gesichtspunkt sind die „Peiniger", denen der unbarmherzige Mann überantwortet wird – auf Befehl desselben Herrn, der ihm kurz zuvor Millionen erlassen hatte. Wenn wir nicht vergeben, schadet uns das selbst am allermeisten – es kann uns seelisch und sogar körperlich krank machen oder Heilung verhindern. Schon unbewusstes Nach-tragen, Nicht-Vergeben ist eine schwere Last; wieviel mehr aber, wenn wir *mit vollem Bewusstsein* Groll hegen gegen die, die uns Unrecht getan haben.

Ein Rollenspiel
Stellen Sie sich einmal vor, Sie wären in einer Gerichtsverhandlung. Sie sind der Richter, Sie wissen, was Recht und Unrecht ist und werden auch das Strafmaß festsetzen. Sie sind auch der Kläger. Wer ist das Opfer? Sie selbst, und Sie treten auch als Nebenkläger auf. Sogar die Rolle des Staatsanwalts haben Sie übernommen – schließlich geht es Ihnen doch nur um Gerechtigkeit,

nicht wahr? Und, seien wir mal ehrlich, eigentlich gehörten Sie schon auch ein wenig mit auf die Anklagebank. Spüren Sie den Rollenkonflikt, die Überforderung?

Nun haben Sie eigentlich anderes zu tun, als Ihr Leben im Gerichtssaal zu verbringen! Sie haben für andere Menschen zu sorgen oder zumindest für Ihren eigenen Lebensunterhalt. Und in der Freizeit sollte man sich doch auch ein wenig erholen. Gerichtssäle sind dafür nicht gerade berühmt.

Was sagt die Bibel dazu? Wenn Sie Ihr Leben Jesus Christus anvertraut haben, gilt für Sie:

- Gott hat Ihnen vergeben, in Christus sind Sie die Gerechtigkeit Gottes
- Jesus ist Ihr Fürsprecher (1. Johannes 2,1)
- Der Heilige Geist ist Ihr Anwalt (Johannes 14,16)
- Gott ist ein gerechter Richter, einer der Recht schafft allen, die Unrecht leiden (Psalm 146,7; Psalm 103,6)
- Gott sagt: „Mein ist die Rache, ich will vergelten" (Römer 12,19) – allerdings kann Er warten, bis wir das Ihm überlassen. Sein Thron kommt deshalb nicht ins Wackeln.
- Und das Anklagen ist des Teufels Job (Offenbarung 12,10) – warum also sollten Sie sich die Finger damit schmutzig machen?

Wie wäre es, wenn Sie stattdessen *königlich* handeln würden? Nur ein König, ein Staatsoberhaupt hat das Recht, einen verurteilten Verbrecher zu begnadigen.

Unser Tipp: Verlassen Sie den Gerichtssaal, draußen lebt es sich viel angenehmer – und Gott kann auch ohne Ihre „Hilfe" für Recht sorgen. Tatsächlich *wartet* Er darauf, dass Sie Ihn endlich zum Zug kommen lassen. Übergeben Sie Ihm alles, was sich als Anklage in Ihnen angesammelt hat, und vertrauen Sie, dass Er eingreift.

Es gibt wahrlich Schöneres
Oder haben Sie schon Ihr Privatgefängnis eingerichtet? Nun, es gibt wahrlich angenehmere Tätigkeiten. Selbsternannte Justizvollzugsbeamten sind nicht die bestbezahlte Berufsgruppe, und sicher auch nicht die glücklichste. Öffnen Sie die Tür und lassen Sie die Schurken laufen – in Gottes Hände! Die beste Genugtuung für Sie wird es sowieso sein, wenn die Menschen, die Ihnen Böses angetan haben, sich Gott zuwenden und daraufhin ihr Leben in Ordnung bringen – und, wer weiß, Sie eines Tages um Verzeihung bitten!

In „Nein sagen ohne Schuldgefühle" schreiben Cloud/Townsend: „Jemandem zu vergeben, heißt, ihn auch loszulassen. Wenn Sie sich weigern zu vergeben, dann wollen Sie noch etwas von ihm. Selbst wenn Sie nur Rache fordern, hält Sie das unendlich an ihn gebunden. … Es ist viel besser, Gottes Gnade in Anspruch zu nehmen und denen zu vergeben, die sowieso nichts haben, um ihre Schulden zu bezahlen. … Kappen Sie die Leine, und Sie werden frei sein."[55]

Aber – wurde dem Schuldner im Gleichnis nicht zuerst seine eigene Schuld vergeben? Richtig: Die Vergebung, die Gott *uns* zusagt, ist die Basis, das Startkapital. Nur deshalb können wir anderen vergeben, wo sie an uns schuldig geworden sind, weil Jesus für *alle* Schuld und Sünde bezahlt hat.

---

[55] Cloud/Townsend, Nein sagen ohne Schuldgefühle, Hänssler 2008, S. 136.

Schuld und Sünde ist *das Einzige,* das uns von Gott trennen kann[56] – und wir sind Beziehungswesen. Es ist ungemein befreiend, vor Ihm einfach einmal unsere innersten Gedanken und Gefühle laut zu formulieren und zum Ausdruck zu bringen. Er kennt uns sowieso durch und durch. Aber es ist wirklich erleichternd, unserem himmlischen Vater all das zu sagen (oder ins Gesicht zu schreien – er hält das aus), was in uns wogt und brodelt. Die Bibel nennt das „unser Herz vor Gott ausschütten". Allen Ärger, alle (Selbst-) Verdammnis und Anklage, Schuldzuweisungen, erlittene Lieblosigkeit und Frustration … wenn wir diesen gesamten „Müll" vor Ihm ausschütten, aussprechen und bekennen, gilt uns eine gewaltige Verheißung:

1. Johannes 1,9
Wenn wir aber unsre Sünden bekennen, so ist er treu und gerecht, dass er uns die Sünden vergibt und reinigt uns von aller Ungerechtigkeit.

Lässt man sich diesen Vers auf der Zunge zergehen, wird deutlich: Alles, was wir dazutun können, ist das „Bekennen", woraufhin Gott a) gerecht ist[57], b) vergibt und c) uns reinigt von **aller (!)** Ungerechtigkeit. Die Folge ist dann, dass mit der Zeit das Negative sich ins Positive wandelt und Liebe (auch zu mir selbst), Freundlichkeit, Wertschätzung, Friede usw. in mir Raum gewinnen.

---

[56] Jesaja 59,1-2 und Römer 8,35-39.
[57] Das heißt, dass Er die Beziehung zu uns wiederherstellt, s. S. 74 „Gerecht vor Gott – die Beziehung ist wiederhergestellt".

Der Tausch am Kreuz

Das Kreuz ist der zentrale Punkt der Weltgeschichte und Ort eines für uns kaum zu fassenden Tauschgeschäfts. Jesus ist dort gestorben, und auf ihm lag die Sünde der gesamten Welt. Er starb freiwillig – einzig und allein mit der Absicht, dass wir Menschen leben sollen. Alles Negative, Leben-Vernichtende (dazu gehören auch negative Einstellungen, Gedanken, Worte und Verhaltensweisen samt ihren Auswirkungen) ist dort „austauschbar" gegen das jeweilige vitalisierende und befreiende Gegenstück. Praktisch bedeutet dies, dass wir negative Dinge, soweit sie uns bewusst sind, vor Ihm als Sünde bekennen und Ihn bitten, die Herrschaft über diese Dinge zu übernehmen. Damit kämpfen dann nicht mehr wir, sondern Er ist als Friedefürst der souveräne Herrscher über all das, was uns herunterziehen will.

Manches ist hartnäckig, und wir müssen vielleicht gewisse „Lieblings-Einstellungen" immer wieder an das Kreuz bringen. Aber wenn wir nicht aufgeben, werden wir erleben, dass Er uns verändert: In uns finden Veränderungen statt und auch unsere Umgebung wird es feststellen können, dass wir „anders" geworden sind.

Zeitgemäß formuliert könnte man sagen, dass unser gesamter Negativschrott am Kreuz entsorgt wird, wenn wir ihn nur bewusst dort abladen und *liegen lassen*. Zugleich können wir dort am Kreuz um ein neues, zuversichtliches Herz und um einen Neuanfang bitten – und dass von nun an Gott unser Leben wieder zusammenfügt, uns heilt und leitet.

Sich helfen lassen

Vielleicht fühlen Sie sich jetzt auch ein wenig überfordert von unserem guten Rat, von all den Vorschlägen und all dem Neuen, das Sie bis hierher gelesen haben. Danke, dass Sie mitgegangen sind!
Haben Sie das Gefühl, alleine nicht wirklich weiterzukommen auf Ihrem Weg heraus aus dem Burn-out? Suchen Sie das Gespräch mit einem reifen, weisen und vertrauenswürdigen Christen (oder Christin), der (die) Sie auf Ihrem Weg heraus aus dem **Burn-out** begleitet und auch mit Ihnen und für Sie betet.

III. Noch mehr Geschenke des Himmels

Mit Erwartung leben lernen

In diesem Abschnitt geht es um das „Warten vor Gott".
Diese Anregungen haben wir von Pastor Dr. Wolfhard
Margies[58] übernommen. Dr. Margies hat mit diesem
„Warten vor Gott" schon sehr starke Erfahrungen ge-
macht.

Ärzte und Therapeuten raten ihren **Burn-out**-Patienten
zu viel Ruhe sowie einer entspannten Tagesgestaltung,
was der gestressten Seele sicher wohltut. Das ist zunächst auch immens wichtig, um aus der"Tretmühle"
herauszukommen. Jedoch werden Müßiggang und Entspannung allein uns nicht wirklich weiterbringen. Zwischen Nichtstun und dem Ruhen (oder Warten) vor
Gott liegen Welten!

Inhaltsleere Passivität mag vorübergehend ihren Platz
haben, auf Dauer aber wird sie nicht befriedigen und
deshalb wiederum zu innerer Anspannung führen. Die
Antwort auf ein Ausgebrannt-Sein kann nicht ausschließlich im orientierungslosen, passiven Nichtstun
liegen. Das mag uns zwar etwas Erholung bringen, besonders unserem Körper – aber grundsätzlich ändert
sich dadurch noch nichts an unserer Einstellung zum
Leben: Sobald wir vor der nächsten Herausforderung
stehen, ist uns der nächste **Burn-out** so gut wie sicher.
Wenn wir, wie oben beschrieben, an den Worten und

---

58 Pastor der „Gemeinde auf dem Weg", Berlin.

dem Verhalten der anderen uns gegenüber „erkennen", wie viel oder was wir (ihnen) wert sind – dann sollten wir den Kontakt suchen mit dem, der wirklich weiß, wie wertvoll wir sind, nämlich mit Gott. Er hat uns ja erschaffen, Er hat einen guten Plan für unser Leben, und Er liebt uns Menschen so sehr, dass Er Seinen einzigen Sohn für uns dahingab[59]. Für eine Begegnung mit Gott sollten wir uns Zeit nehmen. Wenn wir so „vor Gott" oder „auf Gott" warten, ist unser Körper in Ruhestellung, aber innerlich **sind wir in aktiver Erwartung** und ganz bewusst in einer Bereitschaft, Neues von Ihm zu empfangen – uns bisher unbekannte Aspekte und Perspektiven.

Warten auf Gott

Die Bibel empfiehlt uns, in schwierigen Situationen oder vor Neuanfängen auf die Hilfe Gottes zu *warten* – oder auf Seinen Zeitpunkt. Das heißt nicht, wie im Wartezimmer oder beim Umsteigeaufenthalt einfach etwas „auszusitzen", vielleicht auch nach dem Motto „Kommt Zeit, kommt Rat", sondern damit ist ein auf Ihn ausgerichtetes, erwartungsvolles Warten gemeint.

Jesus befahl seinen Jüngern, nach Seiner Himmelfahrt in Jerusalem zu warten, bis sie ein Geschenk aus dem Himmel empfangen würden – die Kraft des Heiligen Geistes[60]. Dieses Warten bestand mit Sicherheit nicht aus gelangweiltem Herumsitzen oder „Entspannung pur". Nein, es war gekennzeichnet von einer Spannung, dass „irgendetwas passieren" musste. Nachdem ihr Meister nun definitiv von ihnen gegangen war, kamen

---

[59] Johannes 3,16
[60] Apostelgeschichte 1,4-8

sie nicht mehr daran vorbei: So wie bisher konnte es nicht weitergehen!

Gott kann und wird auch Ihnen in dieser auf Ihn ausgerichteten Warte- und Ruhezeit neue Perspektiven, neue Kraft und neuen Mut schenken. Aber Er möchte auch vermehrt mit Gotteserkenntnis und Seinem Wesen bei Ihnen einziehen und Sie verändern, sodass Sie mehr und mehr Seinen guten Plänen gemäß leben können. Bisher war in Ihrem Leben vieles auf Ihre selbstgesteckten Ziele ausgerichtet und auf Ihre eigene Kraft gegründet; diese verkehrte, gottlose Haltung wird Er sterben lassen. So kann es also gar nicht sein, dass diese Zeiten des Wartens vor Gott langweilig und inhaltsleer sind – sondern Sie werden diese Momente als sehr erquickend, als inspirierend und aufbauend erleben und zu schätzen lernen. Es kann durchaus auch sein, dass Sie in diesen Zeiten erkennen, wo es notwendig wäre, Ihre Prioritäten gründlich zu überprüfen und zu verändern.

So – oder anders

Als Arzt will ich (Stephan) hier keine theologische Grundsatzdiskussion auslösen – aber es ist doch Tatsache: Gott klont nicht, weder Einzelpersonen noch Gemeinden – denn Er liebt die Vielfalt! Deshalb führt Er Seine Kinder individuell, so wie Er sie auch ganz unterschiedlich gemacht und ausgestattet hat. Und auch der Heilige Geist malt nicht nach Schablonen. Ich habe es oft beobachtet und bin fest überzeugt davon, dass es viel Druck, Schmerz, Enttäuschung und Resignation mit sich bringt (und das alles völlig unnötig), wenn man aus persönlichen Erlebnissen unumstößliche Dogmen macht. Gottes Kreativität und Phantasie sind viel höher – weiter – tiefer als unsere menschlichen Vorstellungen.

In welcher Konfession, in welchem Frömmigkeitsstil auch immer Sie zu Hause sind und sich wohlfühlen: Wenn Sie den Heiligen Geist bitten und fragen, dann wird Er antworten – so wie Sie es verstehen und wie Sie es brauchen. Wie es ein guter Erzieher macht, wie eine liebende Mutter ihre Kinder tröstet: Das eine so, das nächste anders – weil jedes ihrer Kinder anders „verdrahtet" ist.

Legen Sie sich nicht fest, wie Sie Gottes Weisungen vernehmen wollen oder gar was Er Ihnen sagen soll und darf – sondern seien Sie vertrauensvoll gespannt.

Zum Beispiel so

Ich (Christoph) genieße immer wieder einmal eine solche Warte- und Begegnungszeit vor Gott. Dazu ziehe ich mich zu Hause in einen gemütlichen Sessel zurück oder auch ins Bett. Sitzend oder liegend beginne ich, völlig zweckfrei mit Ihm zu kommunizieren – betend und schweigend, ich lese in der Bibel oder singe Ihm etwas zu – gerne auch in der Sprache, die ich weder gelernt habe noch verstehe, in meiner Gebetssprache (Markus 16,17; 1. Korinther 12,4-11 und 14,1-5.14-15; übrigens, auch diese Gebetssprache ist ein Geschenk Gottes).

Dies erlebe ich allerdings als sehr entspannend, und häufig führt diese Entspannung mich dann auch zu völliger Ruhe, ja, im Frieden Gottes mache ich dann auch mal ein Nickerchen. Nicht selten aber wache ich dann auf mit einem völlig neuen Gedanken, der mir bislang nicht gekannte Perspektiven eröffnet. Ob mit oder ohne Nickerchen: Diese Wartezeiten vor

Gott sind immer Zeiten göttlicher Inspiration und der Erquickung.

In unseren Seminaren üben wir mit den Teilnehmern das innere Hören auf Gott. Dabei ermutigen wir sie zu einem (möglichst schriftlichen) Dialog mit dem Herrn Jesus Christus, mit dem Vater im Himmel. Gott ist kein schweigender Gott, sondern Er will mit uns reden – über sich und über uns. Jesus sagt: Meine Schafe hören meine Stimme[61].

Dieses Warten auf und vor Gott finden wir in der Bibel immer wieder:

Klagelieder 3,26 (GNB)
Darum ist es das Beste, zu schweigen und auf die Hilfe des HERRN zu warten.

Jesaja 40,31
Aber die auf den HERRN harren, kriegen neue Kraft, dass sie auffahren mit Flügeln wie Adler, dass sie laufen und nicht matt werden, dass sie wandeln und nicht müde werden.

Sprüche 10,28
Das Warten der Gerechten wird Freude werden; aber der Gottlosen Hoffnung wird verloren sein.

Was passiert, wenn nichts passiert?
Vielleicht fragen Sie sich jetzt: Und was passiert, wenn nichts passiert? Wenn Gott mich umsonst warten lässt

---

[61] Johannes 10,27

und ich habe meine kostbare Zeit ergebnislos „verwartet"?
Nun, Gott wird Sie nicht im Stich lassen:

Psalm 25,3
Denn keiner wird zuschanden, der auf dich harret.

In diesen aktiven Wartezeiten bleiben wir ausgerichtet auf Gottes Reden. Wir erwarten Gnadengeschenke wie Seine Hilfe, Inspiration, Seine Kraft und Heilung von Ihm. Aber am meisten erwarten wir Seine Nähe, Seine Gegenwart und Seine Herrlichkeit, die uns völlig verändern und wiederherstellen wird.

Gott möchte uns begegnen – wir sind zur Beziehung mit Ihm geschaffen. Wie Er sich in der Bibel offenbart hat, so will Er sich auf heute noch offenbaren als der „Ich bin, der ich bin", als „Ich bin dein Vater", „Ich bin deine Hilfe", „Ich bin deine Gerechtigkeit", „Ich bin deine Weisheit"[62] … und: „Ich bin auch der, der dich zur richtigen Zeit, zu Meinem Zeitpunkt aus dem **Burn-out** herausführt." Diese und ähnliche Zusagen wird Gott auch Ihnen zusprechen:

Psalm 31,8-9
Ich freue mich und bin fröhlich über deine Güte, dass du mein Elend ansiehst und nimmst dich meiner an in Not und übergibst mich nicht in die Hände des Feindes; du stellst meine Füße auf weiten Raum.

---

[62] 1. Korinther 1,30

Der Heilige Geist, unser Helfer

Noch ein wichtiger Aspekt zu diesen Warte-Zeiten: Der Heilige Geist ist unser Helfer. Wenn wir Ihn darum bitten, wird Er uns zusätzlich unterstützen – und so wird diese Wartezeit zu einer reich erfüllten Zeit. Wenn wir Ihn in unsere Wartezeiten mit hereinnehmen und Ihn darum bitten, wird Er uns auf göttlichen Wegen aus unserem **Burn-out** herausführen. Aber noch mehr: Er hilft uns auch, die Ursachen und Wurzeln des **Burn-out** zu erkennen – und dann können wir sie unwirksam machen, ausreißen.

Er wird uns zeigen, wie wir das umsetzen können, was wir in den vorangegangenen Kapiteln erkannt haben. Wir brauchen Offenbarung, geöffnete Augen, damit wir Furcht und Stress, unser falsches Selbstbild, unseren Dauerzorn und was uns sonst noch kaputt macht, erkennen und die Auswege Gottes finden und gehen können. Durch diese Prozesse wird unser Charakter und damit auch unser Leben immer mehr umgestaltet – und dem ähnlicher, was Gott an Gutem für uns geplant hat. Unser Denken, Reden und Tun wird Jesus immer ähnlicher werden. Ganz kurz zusammengefasst:

2. Korinther 3,17-18
Der Herr ist der Geist; wo aber der Geist des Herrn ist, da ist Freiheit.
Nun aber schauen wir alle mit aufgedecktem Angesicht die Herrlichkeit des Herrn wie in einem Spiegel, und wir werden verklärt in sein Bild von einer Herrlichkeit zur andern von dem Herrn, der der Geist ist.

Zugang zu Gottes Ressourcen

Jesus Christus in Ihnen *ist die* starke, positive, verändernde und heilende Kraft für Ihr Leben schlechthin. So wird dieses Warten vor Gott zu einer Zeit, wo wir nicht nur etwas Kraft sammeln, um die nächsten Tage zu überleben und einfach so weiterzuackern wie bisher. Wir erkennen, dass unsere Identität nicht in unser Tüchtigkeit und Leistung liegt, sondern in Jesus Christus und in Seiner Gerechtigkeit in uns: Wir sind nicht, was wir leisten, sondern wir sind das, was Jesus in uns ist.

So lernen wir in dieser Ruhe- und Wartezeit, nicht mehr aus den eigenen Motiven und unserer eigenen Kraft heraus zu leben, sondern wir werden angeschlossen an die Kraftquellen Gottes. Das Wesen Jesu zieht bei uns ein. Nun verändert Er uns und legt Seine Liebe in unser Herz hinein – und Seine Pläne in unser Leben.

Ich, Stephan, kann dies mit Überzeugung sagen, denn so hat es Jesus Christus bei mir gemacht. Er hat mein Leben verändert. Ich habe es erlebt, dass Gott sich um unsere Lebensumstände, das Berufsleben, unsere Zukunftsgestaltung gekümmert und sie zum Guten gewandelt hat ... aber das wäre ein Buch für sich.

Wenn wir im Warten auf Gott Seine Nähe und Herrlichkeit erleben, verliert der **Burn-out** plötzlich seine Macht. Wir spüren und erfahren übermächtig, dass es noch etwas anderes gibt, als völlig überfordert und ausgelaugt zu sein. Wir beginnen, vielleicht in kleinen Schritten, unser Leben aus göttlicher Perspektive zu sehen und aus Seinen Quellen neu zu gestalten. Im Himmel wird große Freude sein, denn wir haben dann nicht nur unser **Burn-out** überwunden, sondern auch gelernt, unser Leben neu auszurichten auf Gott und auf Seine Pläne mit uns.

Dies alles hat der Prophet Jesaja schon vor 2700 Jahren so zusammengefasst:

Jesaja 30,15
Denn so spricht Gott der HERR, der Heilige Israels: Wenn ihr umkehrtet und stille bliebet, so würde euch geholfen; durch Stillesein und Hoffen würdet ihr stark sein. Aber ihr wollt nicht ...

Kann das sein? Verzweifelten Menschen wird Hilfe angeboten, aber sie wollen sie nicht annehmen? Ist der menschliche Wille wirklich so mächtig? Ja, wir *können* Gottes Handeln, Seinen Sieg blockieren. Es ist eine Frage des Willens und nicht der Gefühle, ob wir Ihn an uns heranlassen und an unsere Probleme. Genauso ist es eine Willensentscheidung, Ihn Herr sein zu lassen über mein Leben. Mein Leben – dazu gehören nicht nur mein Geld und mein Beruf, sondern das heißt auch: mein Versagen, mein unterdrückter Ärger und meine blinde Wut, mein Gefühl, nichts zu taugen und nicht viel wert zu sein, meine verkorksten oder zerbrochenen Beziehungen, meine vielleicht etwas schrullige Nachbarschaft, meine merkwürdige Verwandtschaft, mein egozentrischer Chef – und, und, und.
Aber ein paar Zeilen weiter unten lesen wir:

Jesaja 30,18 (GNB)
Trotzdem wartet der HERR sehnlich auf den Augenblick, an dem er sich euch zuwenden kann. Er will seine Macht zeigen und sich über euch erbarmen, denn er ist ein Gott, der dem Recht Geltung verschafft. Wie glücklich sind alle, die ihre Hoffnung auf ihn setzen!

Auch wenn Sie bisher die Hilfe Gottes ausgeschlagen haben – Gott wartet und bietet Ihnen weiterhin Seine Gnade an.

Wenn ich an der Schaltzentrale meines Lebens völlig überfordert und ausgebrannt bin, kann genau diese Hilflosigkeit das Sprungbrett zu einem neuen Leben sein, einem Leben in Kraft und Autorität, in Freude und Frieden. Übergeben Sie Ihm den Platz im Cockpit: Er wird Sie gut zum Ziel bringen – und die Reise wird gelingen.

Ergreifen Sie den Lebensstil der Gnade

Wir können von Gott einen neuen Lebensstil erbitten, den Lebensstil der Gnade. Wären Sie bereit, diesen Lebensstil für Ihr eigenes Leben zu übernehmen? „Aus Gnade leben" bedeutet, unverdiente Geschenke von Gott in Empfang zu nehmen (und dann auch weiterzugeben an andere). Wenn wir unser ganzes Vertrauen auf Gott und Seine unbegrenzten Möglichkeiten setzen und Ihn darum bitten, dann beschenkt Er uns mit neuen Fähigkeiten, mit Kraft, mit Weisheit, mit innerer Ruhe und vielen anderen guten Geschenken.

Die Bibel drückt das zum Beispiel so aus:

Römer 9,16
So liegt es nicht an jemandes Wollen oder Laufen, sondern an dem begnadigenden Gott.

1. Petrus 1,13
Setzt eure Hoffnung ganz auf die Gnade.

Das Gegenteil von Gnade wäre, mein ganzes Vertrauen auf meine eigenen Fähigkeiten und meine eigenen Bemühungen zu setzen. Für bewusste Christen beginnt alles Gute, alles Geheilt-Werden und Heil-Sein, ihre Erneuerung nicht bei ihnen selbst, sondern das alles kommt von Gott, der uns seine unverdienten Gnadengeschenke geben – schenken – möchte. Wir sagen Gott, dass wir mit allen unseren eigenen Bemühungen am Ende sind und Seine Hilfe brauchen. Wir sagen Ihm, dass wir von Ihm Hilfe zu einem Neuanfang erwarten. Dieser Schritt, sich ganz an Gott auszuliefern und sich auf Seine Hilfe, Seine Rettung zu verlassen, fällt oft nicht leicht. Aber mitten im **Burn-out**, völlig am Ende aller Möglichkeiten, definitiv am Ende der eigenen Kräfte – vielleicht wäre es doch denkbar? Wir können Ihnen versichern: Es ist sehr beglückend und stärkt das Gottvertrauen, wenn Gott uns dann mit einer unvorstellbaren, eben einer göttlichen Lösung beschenkt.

Dieser Lebensstil der Gnade wird Sie nicht hilf- und machtlos bleiben lassen. Sie werden in Zukunft kein Spielball der Mächte mehr sein, sondern im Gegenteil:

Römer 5,17
Diejenigen, die die Fülle der Gnade und die Gabe der Gerechtigkeit empfangen, werden im Leben herrschen durch den Einen, Jesus Christus.

Im Leben herrschen – nicht mehr „sich leben lassen" oder wie eine Maschine bloß zu funktionieren – wie gefällt Ihnen das?
Sie wundern sich, dass wir uns da so sicher sind? Nun, schließlich sagt Gott über sich selbst:

Jeremia 1,12
Ich wache über meinem Wort, um es auszuführen.

Nehmen Sie die göttlichen Gnadengeschenke – Ermutigung, Wertschätzung, Vertrauen – in Empfang und geben Sie diese auch an andere weiter. Beachten Sie das unumstößliche Gesetz von Saat und Ernte[63] und machen Sie es sich zunutze, indem Sie voller Vertrauen die Verheißungen der Bibel in den Acker Ihrer Lebenssituation hineinsäen – und auch in die Not anderer Menschen. Diese gute Saat wird garantiert aufgehen und vielfältige Frucht bringen!

---

[63] 1. Mose 8,22 und Galater 6,7.

IV. Anhang

Gottes Plan für Ihr Leben

Sie sind nicht ein Zufallsprodukt des Schicksals, sondern Gott, der Vater und Schöpfer, hat Sie geschaffen. Er hat einen guten Plan für Ihr gesamtes Leben. Gott der Vater im Himmel möchte Ihr Freund und Partner sein, zu dem Sie eine Beziehung haben können wie ein Kind zu seinem super-guten Vater.

Der allmächtige Gott hat Ihnen die Freiheit gegeben, selbst zu entscheiden, ob Sie diese Beziehung zu Ihm haben möchten oder nicht. Sie können auch weiterhin Ihre Unabhängigkeit wahren und denken: „Ich brauche niemanden, ich schaffe es alleine." Aber es geht um viel mehr als um ein wenig Lebenshilfe: Gott bietet Ihnen einen totalen Neuanfang im Guten an und Er hält im Himmel für Sie einen Platz bereit.

Gottes Angebot: Ein völlig neues Leben

Unsere „ererbte" Konfession und die Zugehörigkeit zu einer Kirche machen uns noch nicht zu einem echten Christen, dessen Name im Himmel bekannt ist. Auch Taufe, Kommunion, Konfirmation und Kirchgang können das nicht bewirken. Jesus sagt in **Johannes 3,3: Wir müssen „von Neuem geboren" werden,** um so Bürger des Himmels und Kind des Vaters zu werden.

Diese „Wiedergeburt" erleben wir, wenn wir Jesus Christus bewusst in unser Leben aufnehmen und Ihm unser bisheriges, weltliches Leben übergeben. Dafür schenkt Er uns ein neues, von Gottesferne und Sünde befreites Leben und einen neuen, erweckten Geist, der mit Gott in Kontakt treten kann.

Es ist unvorstellbar aber wahr: Jesus Christus, der Sohn Gottes, der am Kreuz für unser unerlöstes Leben starb und wieder auferstand, wohnt in uns, wenn wir Ihm bewusst unser Leben übergeben und dies auch mit unserem Mund ausgesprochen haben[64]. Die Bibel sagt dazu:

1. Johannes 5,12
Wer den Sohn hat, der hat das Leben; wer den Sohn nicht hat, der hat das Leben nicht.

Unsere Errettung und unsere Reich-Gottes-Bürgerschaft beginnt bei Jesus Christus, dem großen König. Bitten Sie Ihn um Ihre Errettung und um das Vorrecht, Bürger Seines Reiches sein zu dürfen. Er wird dann in Ihnen wohnen und in Ihnen sein Wesen und die wunderbaren Ordnungen Seines Reiches entfalten. Ihr Leben wird durchdrungen von göttlicher Liebe, göttlichen Geschenken und Lösungen und bekommt ein übernatürliches, himmlisches Flair.

Jesus ist nicht lebensfern oder lebensfeindlich, sondern Er bietet uns eine Lebensweise an, die uns gut tut. Er lenkt unsere Gedanken weg von Dingen, die uns schaden und uns und unsere Beziehungen, unsere Ehe und Familie zerstören. Jesus Christus liebt uns rundum und beschenkt uns. Unsere früheren Verfehlungen (Sünden), wenn wir sie Ihm bekennen, wird Er uns vergeben und unseren inneren Liebesmangel stillen. Und das be-

---

[64] Römer 10,9

kommen wir einfach so geschenkt, wenn Jesus Christus
in uns lebt.

Und was wäre unser Beitrag?
Sie werden nun fragen: „Klingt ja ganz gut, aber wo ist
der Haken, was wird von mir erwartet?" Die Antwort
lautet: „Nichts wird erwartet – es ist alles geschenkt.
Nehmen Sie es einfach vertrauensvoll an." Vielleicht
denken Sie nun: „Wenn das stimmt, warum rennen
dann nicht alle, um dieses Gratis-Geschenk zu bekommen?"

• Weil es ihnen niemand so einfach und klar gesagt hat.
• Weil es böse Kräfte gibt, die uns von dem Guten und
  von der Wahrheit der Bibel abhalten wollen.

Ich kann Ihnen versichern, es ist kinderleicht, es ist einfach und Sie könnten das nie auch nur annähernd bezahlen. Nehmen Sie dieses größte aller Geschenke einfach in Empfang. Wie?

Der erste entscheidende Schritt –
Ihre Lebensübergabe
Sie sagen (beten) ganz einfach alleine oder vor einem
guten Freund als Zeugen:
„Herr Jesus Christus, du Sohn Gottes, ich übergebe Dir
heute mein ganzes Leben und ich nehme Dich heute als
den auferstandenen und siegreichen Herrn in mich auf.
Sei Du der Herr meines Lebens.
Ich übergebe Dir, Herr Jesus, den ganzen Schrott meines bisherigen Lebens, alle meine Sünden, meine Lieblosigkeit, meine Zweifel, meine Ängste und Probleme,
meine Einsamkeit und meinen Stress.
Ich übergebe Dir auch meine Beziehung zu meinen El-

tern, vor allem alle Fehlprägungen, die ich durch Vaterschaft erfahren habe. Ich gebe Dir meinen Neid auf meine Geschwister und meine Mitmenschen.

Jesus, ich gebe meine gesamten bisherigen Beziehungen in Deine Hände, besonders die Frauen oder die Männer, mit denen ich sexuelle Beziehungen hatte, **und ich bitte Dich, dass Du die volle Herrschaft darüber übernimmst – so, dass ich es spüre und sehe.**

Herr Jesus Christus, bitte vergib mir. Komm in mein Leben und gib mir einen umfassenden, totalen Neuanfang. Ich möchte Dich und das neue Wesen und das neue Leben, das Du schenkst, ganz real erfahren. Ich erwarte Deine lebensverändernde Kraft ganz besonders …" – zum Beispiel:

in meiner Ehe und in meiner Familie
an meiner Arbeitsstelle (evtl. eine neue Arbeitsstelle)
in meinem Freundeskreis (evtl. neue Freunde)
in meiner ausweglosen Situation
in meinem ungeordneten Leben
in Bezug auf körperliche und seelische Heilung
zur Befreiung von meinen Süchten.
etc.

Sie können die Liste beliebig fortsetzen. Sprechen Sie einfach mit Jesus wie mit einem guten Freund. Sagen Sie Ihm auch: „Ich möchte lernen, so zu leben, wie es dir gefällt und wie es gut für mich ist. Bitte ordne mein Leben und hilf mir dabei." Jesus ist Ihr Freund, der Sie nie enttäuschen wird. Machen Sie einen Versuch und erste Erfahrungen mit ihm.

Und wie geht es weiter?

Sie werden viele positive Veränderungen erfahren. Sie werden die heilende Wärme der Vaterliebe Gottes erleben, Sie werden beschenkt werden mit der Führung durch den Heiligen Geist und die Aussagen der Bibel werden sich für Sie als unerschöpfliche Kraftquelle erweisen.

Nachdem meine Frau und ich (Christoph) Jesus als unseren Herrn angenommen hatten, haben wir die Lebens- und Erfahrungsberichte bewusster Christen verschlungen wie früher Krimis. Wir haben uns gesagt: „Wow, das kann man mit Jesus erleben, dafür sind wir ganz offen." Das war die beste Entscheidung unseres Lebens – eine neue beglückende Welt mit sehr vielen kostbaren Freundschaften und Kontakten tat sich uns auf. Mit Jesus haben wir uns auf eine unglaublich reiche Lebensreise begeben, die auch nach Jahrzehnten immer noch neue beglückende Erfahrungen mit sich bringt.

Wir empfehlen Ihnen, in nächster Zeit andere Christen und eine geistlich lebendige Gemeinde zu suchen, wo dieses wahre Leben aus und mit Jesus gelebt wird. Sie haben die wichtigste Entscheidung Ihres Lebens getroffen und Sie haben die wichtigste Reise Ihres Lebens angetreten. Sie werden auf dieser Reise wunderbare, erfüllende Erfahrungen machen – und sie wird enden beim Vater im Himmel.

Literatur

A) Weiterführende Bücher:
- Die Bibel (welche Übersetzung? Diese Frage ist zweitrangig – am besten ist die Übersetzung, die man dann auch liest.)
- Keller, Geri: „Vater – Ein Blick in das Herz Gottes", Schleife-Verlag, Winterthur 2002, ISBN 3-894904 35-6
- Hoffmann, Matthias: „Freundschaft mit Abba-Vater", cap-books, Altensteig 2007, ISBN 978-3-8677-3001-3
- Joel Osteen: „Lebe jetzt. Beginnen Sie heute Ihr bestes Leben", Gerth Medien 2008, ISBN 978-3-86591-154-4
- Cloud/Townsend, Nein sagen ohne Schuldgefühle, Hänssler Verlag, Holzgerlingen, 1998/2008, ISBN 978-3-7751-4953-2

B) Verwendete Literatur:
- Baader, F. H.: „Wortkunde der Bibel", Dr. Hans-Jürgen Grieser Fachbuchverlag 2000, 1. Gesamtausgabe, ISBN 3-933455-04-9
- Bräumer, Hansjörg: „Das erste Buch Mose, Teil 1, Kap 1-11" (Wuppertaler Studienbibel), Brockhaus-Verlag, Wuppertal 1987, ISBN 3-417-25204-0
- Bräumer, Hansjörg: „Das erste Buch Mose, Teil 2, Kap 12-36" (Wuppertaler Studienbibel); Brockhaus-Verlag, Wuppertal, 1987, ISBN 3-417-25205-9
- Cloud/Townsend, Nein sagen ohne Schuldgefühle, Hänssler Verlag, Holzgerlingen, 1998/2008, ISBN 978-3-7751-4953-2

- Elberfelder Studienbibel mit Sprachschlüsseln AT; Brockhaus Verlag, Wuppertal, 2003, 2. Aufl., ISBN 3-417-25712-3
- Langenberg, Heinrich: „Biblische Begriffskonkordanz"; Ernst-Franz-Verlag, Metzingen, 1995, 8. Auflage, ISBN 3-7722-0061-3
- Lau, Israel M.: „Wie Juden leben"; Gütersloher Verlagshaus, Gütersloh, 6. Aufl., 2005, ISBN 3-579-02155-9
- Rienecker, Fritz: „Lexikon zur Bibel"; Brockhaus-Verlag, Wuppertal, 1988,19. Auflage, ISBN 3-417-24585-0

RUTH RUIBAL

EINHEIT IM GEIST

„Die beeindruckende Geschichte von Julio und Ruth Ruibal und den Gemeinden in Cali macht deutlich, welche unglaublichen Segnungen unser großartiger Gott und Erlöser für Gemeinden und Einzelne bereithält, die sich im Glauben aufmachen und auf Einheit hinarbeiten. Es ist wirklich aufregend, darüber nachzudenken, wie sich unser Land verändern könnte, wenn die unterschiedlichen Gemeinden ihre Meinungsverschiedenheiten beilegen und in einem echten Geist der Harmonie, Liebe und Einheit zusammen kommen würden, ohne biblische Maßstäbe aufzugeben."

Ruth Ruibal und ihr Ehemann Julio, ein bolivianischer Evangelist, begannen 1978 mit ihrem vollzeitlichen Dienst in Cali, Kolumbien. Die Geschichte von ihrem Werk sowie von Julios Tod als Märtyrer im Jahre 1995 wird in zwei Videos mit dem Titel „Transformation" erzählt. Frau Ruibal hat einen Master in Public Health von der Columbia University und einen Doctor of Ministries vom Florida Beacon College and Seminary. Sie dient als Pastorin am Ekklesia Colombian Christian Center sowie gemeinsam mit ihren Töchtern Sarah und Abigail als Botschafterin der „Gemeinde von Cali" in den Nationen.

VERLAG GOTTFRIED BERNARD
ISBN 978-3-941714-01-4 · Best.-Nr. 175501